Inhalt

JOCHEN SCHWEIZER

DER PERFEKTE AUGEN BLICK

Leben mit mehr Glück, Erfolg und Stärke

Ullstein

Besuchen Sie uns im Internet:
www.ullstein-taschenbuch.de

Ungekürzte Lizenzausgabe im Ullstein Taschenbuch
1. Auflage Mai 2017
© 2015 der Originalausgabe:
Gräfe und Unzer Verlag GmbH, München
Projektleitung und Lektorat: Regina Denk
Redaktion: Dr. Christof Siemes
Bilder im Innenteil: Jochen Schweizer, außer Seite 19,
Copyright RTL/VOX
Umschlaggestaltung: zero-media.net, München,
unter Verwendung einer Vorlage von Martina Baldauf, München
Druck und Bindearbeiten: CPI books GmbH, Leck
ISBN 978-3-548-37671-4

Über dieses Buch und seinen Autor

Wir Medien bauen Bühnen für Popstars, Sportler und Sportlerinnen, Schauspieler und Schauspielerinnen. Das sei ihnen vergönnt. Aber wir sollten die Scheinwerfer der Aufmerksamkeit und Bewunderung auch auf jene richten, die mit Mut, Fleiß und Kreativität täglich dafür kämpfen, unser Leben sicherer, bunter, einfacher oder spannender zu machen.

So einer ist Jochen Schweizer. Ein Protagonist des Unternehmens, der Courage, des Kampfes, des Nicht-Aufgebens. Seine Biografie sollte Pflichtlektüre in allen Schulen sein, zeigt sie doch auf fesselnde Weise, dass Niederlagen keine sein müssen, uns oft stärker und manchmal sogar glücklicher werden lassen können.

Jochen Schweizer ist nicht nur aus 2500 Meter Höhe mit einem Bungee-Seil am Fuß aus dem Helikopter gesprungen. Er hat schlimme Desaster und Unfälle überstanden. Sein Leben ist eine Parabel über das Wiederaufstehen. Es zeigt nicht nur Mut, sondern macht auch welchen.

Und als ob all das nicht genug wäre, um sich mit diesem Buch in eine Ecke zu setzen und erst nach zwei Tagen sprachlos wieder herauszukommen – Jochen Schweizer ist überdies ein wunderbarer Vater, ein loyaler Freund, ein vielseitiger Extremsportler, ein schnell Lernender, ein visionärer Unternehmer, ein leidenschaftlicher Yogi und einfach ein sehr cooler Typ. Nur eins kann er nicht: Langweilen.

Dr. Florian Langenscheidt

Bestsellerautor („Langenscheidts Handbuch zum Glück"),
Unternehmer und Angel Investor

Prolog

Warum dieses Buch und kein anderes?

17. Juni 2013, kurz vor Mitternacht, Hamilton Mesa, Colorado, USA. *In the middle of nowhere*, auf einem Gebirgsplateau in 3500 Metern Höhe, liege ich auf dem Rücken, zwischen mir und dem unglaublichen Sternenhimmel des amerikanischen Westens nur die dünne Zeltplane. Cowboyromantik. Eben noch haben wir am Lagerfeuer gesessen und ein Colorado Native Beer getrunken, während die letzten Sonnenstrahlen den Mount Wilson zum Glühen brachten. Jetzt bin ich hundemüde – und kann doch nicht schlafen. Zu kurz war die Zeit, um sich an die große Höhe zu gewöhnen; erst vor zwei Tagen bin ich aus Europa hier angekommen. Außerdem dringen aus dem Nachbarzelt Geräusche, als würde dort jemand alle umstehenden Nadelbäume zersägen. Es ist Jan Ullrich, der ehemalige Tour de France-Sieger, der nach der 60 Kilometer langen Tagesetappe hinauf in die Berge Colorados hörbar kein Problem mit seiner Nachtruhe hat.

Ich bin Mitglied eines ganz besonderen Pelotons. Der Reiseveranstalter Tilmann Held hat mich eingeladen, ihn auf der achttägigen Exklusiv-Tour „Mountain to Desert – away with the Champs" zu begleiten. Mit von der Partie sind neben dem Olympiasieger und Weltmeister Jan Ullrich, den hier alle nur Ulle nennen, auch einige bekannte Journalisten, darunter Christof Siemes, Kulturredakteur bei der Wochenzeitung „Die Zeit". Der liegt nun neben mir und kann so wenig schlafen wie ich, obwohl uns beiden die vielen Höhenmeter der heutigen Etappe in den Knochen stecken. Also beginnen wir, uns Geschichten aus unserem Leben zu erzählen. Da ich im Laufe der Jahre einiges erlebt habe, sind wir im Morgengrauen immer noch nicht fertig – und fassen gemeinsam einen Entschluss: meine Geschichte vom Hinfallen und Wiederaufstehen aufzuschreiben.

Drei Jahre zuvor, zur Frankfurter Buchmesse im Jahr 2010, habe ich bereits den ersten Teil meiner Autobiografie veröffentlicht. „Warum Menschen fliegen können müssen" erzählt die Geschichte meiner Herkunft, meiner frühen Abenteuer und meiner Anfänge als Unternehmer; das Buch endet am Dreikönigstag 2004, als ich nach einer Katastrophe, die mein ganzes Leben verändert und für immer prägen wird, den Neuanfang wage. Lange kann ich mir nicht sicher sein, ob mein Versuch, wieder auf die Beine zu kommen, auch gelingen wird. Doch nun zeichnet sich ab, dass ich es fertigbringen kann, etwas Großes, Nachhaltiges zu schaffen. Und darüber möchte ich schreiben. Weil ich in vielen Gesprächen immer wieder die Erfahrung gemacht habe, dass andere Menschen aus meiner Lebensgeschichte für sich selbst Kraft gewinnen können.

Christof bestärkt mich in diesem Vorhaben, aber bevor wir uns ans Werk machen können, müssen wir erst einmal die Tour zu Ende bringen, noch ein paar Hundert Kilometer mit Mountainbike und Rennrad durch diese Bilderbuchlandschaft, entlang des Dolores River, über den steilen Pass am Ende des John Brown Canyons hinüber in die Moab Wüste und ihre rot glühenden Felsmonumente. Einmal gelingt es mir dabei sogar, unseren Champ Ulle abzuhängen, der zwar inzwischen zehn Kilo mehr wiegt als zu seiner aktiven Zeit, aber immer noch jeden von uns mit einem kleinen Antritt ganz alt aussehen lassen kann. Doch auf einem der breiten Schotterwege kurz vor einer Anhöhe trete ich an und fliege mit einem dicken Grinsen im Gesicht an ihm vorbei. Fassungslos schaut er mich an – er weiß ja nicht, dass ich mich die letzten zwei Kilometer vom Begleitfahrzeug habe ziehen lassen und nun dessen Schwung für meine Attacke nutze. Als Vollblutsportler fühlt er sich jedenfalls herausgefordert und macht nun seinerseits ernst – den Rest können Sie sich denken. Aber für ein paar Hundert Meter habe ich vor dem Champion gelegen, der im Übrigen der angenehmste Reisegefährte ist, den man sich denken kann.

Zurück in Deutschland, machen sich Christof und ich im Jahr darauf ans Werk. Auf der Grundlage ausführlicher, sehr persönlicher Gespräche entsteht ein erstes Manuskript, das ich überarbeite und das schließlich vom Verlag Gräfe und Unzer angenommen wird. Die stellvertretende Verlagsleiterin Regina Denk entdeckt in unserem Text ein Thema, dessen ich mir in dieser Deutlichkeit nicht bewusst war: Resilienz, die Fähigkeit des Menschen, mit Krisen fertig zu werden. Ich habe im Laufe meines Lebens eine ganze Reihe schwerer Niederlagen wegstecken müssen – ernsthaft aus der Bahn geworfen haben sie mich nie. Warum das so ist? Davon handelt dieses, mein zweites Buch.

Es ist also nicht der ursprünglich geplante zweite Teil meiner Autobiografie geworden, auch wenn es natürlich Ereignisse aus den letzten Jahren behandelt. Ich hatte ein Ziel – aber wie ich es im Folgenden auch beschreibe: Ziele sind nicht statisch, sie verändern sich, und damit verändern sie uns. Dieses Buch ist ein anderes geworden und ich mit ihm. Zwar erzähle ich auch, was mir in den Jahren 2004 bis 2015 widerfuhr. Aber wichtiger – und für Sie vielleicht interessanter und hilfreicher – sind die Erkenntnisse über Erfolg und Misserfolg, Aufstieg, Fall und Wiederaufstieg, die ich im Laufe der Jahre gewonnen habe und die ich in meiner Sprache an Sie weitergeben möchte.

Herzlich bedanken möchte ich mich bei Christof Siemes für die gute Zusammenarbeit und bei Regina Denk – dafür, dass sie das verborgene Potenzial dieser Geschichte erkannt und mir geholfen hat, es an die Oberfläche zu holen.

München, im Juni 2015

Jochen Schweizer

SEITEN-
WECHSEL

WARUM
ICH WEISS,
WOVON
ICH REDE...

1

„Selbsterkenntnis ist der Anfang
von Weisheit, die das Ende
der Angst bedeutet"

KRISHNAMURTI

Unternehmer des eigenen Lebens werden

New York, vor vielen Jahren

10. Juli 2004. Ein heißer Sommertag. Ich stehe in einer Suite des Mandarin Oriental Hotels am Columbus Circle in New York City. Der Blick aus den riesigen Panoramafenstern in der 52. Etage auf den Central Park und die Skyline von Manhattan ist atemberaubend. Ich aber habe keine Zeit, die Aussicht zu genießen, darum bin ich nicht hier...

Ich bin hergekommen, weil vor genau einem Jahr, am 20. Juli 2003, mein Leben aus den Angeln gehoben wurde. Nun, nur 355 Tage später, stehe ich vor einem Neuanfang – und gleichzeitig mit dem Rücken zur Wand. Um meine Pläne für die Zukunft in die Tat umzusetzen, brauche ich dringend Geld, viel Geld, über eine Million Euro. Damit will ich einen Traum verwirklichen, von dem ich glaube, dass er groß ist. Er könnte meine Rettung sein und ist die vielleicht letzte Chance, mein Leben noch einmal zu drehen.

Meine Idee: Eine völlig neue Art von Produkt, etwas, was es so bisher noch nicht gab und was die Frage „Was soll ich schenken?" besser beantwortet als alles, was sich so kaufen und einpacken lässt. Eine einfache Box, die nicht etwa einen

Gegenstand enthält, sondern eine Vielzahl an Möglichkeiten, eigene Erfahrungen zu machen. Ich möchte Erlebnisse zu einem Handelsprodukt und somit verschenkbar machen.

Vor mir in den cremefarbenen Sesseln sitzen fünf Männer. Sie haben, was mir fehlt, um den entscheidenden Schritt nach vorne zu gehen: die notwendigen finanziellen Mittel. Es sind Private-Equity-Investoren, millionenschwere Geschäftsleute, die etwas von ihrem Vermögen in junge Unternehmen stecken, um nach ein paar Jahren, wenn die Firmen erfolgreich sind, ein Vielfaches davon zurückzubekommen. Man könnte sagen: Für sie ist die Million, die ich brauche, einfach nur Spielgeld. Nicht mehr. Deshalb habe ich alles auf diese eine Karte gesetzt und trotz der Ebbe in meiner Kasse auf eigene Kosten einen Flug nach New York gebucht, um diese Männer für meinen Traum zu begeistern.

Eine halbe Stunde hören die Investoren zu, dann ergreift einer von ihnen das Wort. „Junger Mann", höre ich, „wir glauben nicht, dass man Erlebnisse handeln kann. Und übrigens: Sie werden auf Ihrer Suche nach Geldgebern für diese Idee auf einen Haufen Leute treffen, die zwei Dinge besitzen, die Sie nicht haben, Herr Schweizer – erstens Zeit und zweitens Geld."

Ich weiß gar nicht, was mich tiefer trifft, die Ablehnung als solche oder der herablassende „junge Mann", der ich mit meinen 47 Jahren definitiv nicht mehr bin. Aber es bleibt mir nichts anderes übrig, als mit leeren Händen und noch leereren Taschen wieder nach Hause zu fliegen.

An dieser Stelle hätten vermutlich die meisten Menschen das Handtuch geworfen. Kritik und Ablehnung für die eigene Sache zu erfahren kostet Kraft, viel Kraft, und manchmal kann es einen aus der Bahn werfen. Ich persönlich habe in Rückschlägen immer eine Herausforderung gesehen, ganz nach dem Motto: Jetzt erst recht! Als ich nach meiner Katharsis neu startete, sagte ich trotzig: „100 Millionen – mit dieser Idee mache ich 100 Millionen Umsatz!" Und alle haben erst mal gelacht!

Heute gibt es für diese innere Einstellung sogar einen Fachbegriff: „Resilienz". Er stammt vom lateinischen Wort „resilire", was zurückspringen, aber auch abprallen bedeutet. Resilienz bezeichnet die psychische Widerstandsfähigkeit, die es dem Menschen erlaubt, Extremsituationen und tiefe Krisen zu meistern, ohne daran zu zerbrechen. Die negativen Einflüsse prallen gleichsam am resilienten Charakter ab; selbst wenn ihn etwas aus der Bahn zu werfen droht, springt er zurück in die Erfolgsspur. Es gibt viele Faktoren, die diese Widerstandsfähigkeit beeinflussen, das familiäre und kulturelle Umfeld, die angeborene Intelligenz und Charakterstärke. Entscheidend aber für die Resilienz ist die emotionale Intelligenz, die Fähigkeit, Gefühle und Handlungen kontrollieren und eine aktive Haltung zu den Herausforderungen einnehmen zu können. Der resiliente Charakter lässt sich von Krisen nicht entmutigen, sondern arbeitet sich lösungsorientiert aus ihnen heraus. Oft sind es Kinder, die unter schwierigen Bedingungen aufwachsen, die eine hohe Resilienz entwickeln. Ihre Lebensumstände – meist geprägt von Armut, Gewalt, Krieg, Flucht – scheinen niederschmetternd, aber Kinder lernen rasch, diesen Widrigkeiten zu widerstehen und sich immer neue Wege nach vorn, in eine bessere Zukunft zu suchen. Und auch Erwachsene haben diese Fähigkeit und können an ihr, mit ihr arbeiten.

> Die Herausforderungen auf meinem Weg mögen sehr speziell gewesen sein, und die Lösungen, die ich für mich fand, sind für viele andere vielleicht nur schwer in die Praxis umzusetzen. Aber eins gilt für uns alle gleichermaßen: Resilienz kann man lernen und trainieren. Sie hilft einem dabei, sich von seinem Weg nicht abbringen zu lassen und die eigenen Ziele zu verwirklichen.

Zehn Jahre, acht Monate und 15 Tage nach meinem New York-Abstecher hat sich das Blatt gewendet. Heute sitze ich selbst in einem bequemen Leder-Sessel, ein halbes Dutzend Kameras ist auf mich gerichtet. Es ist der letzte von drei Drehtagen in „Die Höhle der Löwen", einer Fernsehshow des Senders VOX, in der Firmengründer die Chance bekommen, ihr Produkt, ihr Geschäftsmodell fünf erfolgreichen Unternehmern – den „Löwen" – zu präsentieren. Sind die von einer Idee überzeugt, geben sie dem Gründer Geld für den Auf- und Ausbau seines Unternehmens und bekommen im Gegenzug Anteile an seiner Firma. Heute bin ich nicht mehr der Bittsteller mit einer Geschäftsidee, ich bin der „Löwe" mit dem Eigenkapital...

Wie mir das gelingen konnte, wie ich es auf die andere Seite geschafft habe, wie ich vom Investitionssuchenden selbst zum Investor in einem guten Dutzend Start-Ups, vom Firmengründer zum Eigentümer von über 20 Unternehmen wurde – davon handelt dieses Buch.

Vor allem aber handelt es davon, wie man sich von Rückschlägen nicht entmutigen lässt. Davon, dass es Scheitern eigentlich gar nicht gibt, sondern lediglich neue Situationen, die man als Herausforderungen annehmen kann. Davon, was man tun muss, um ihnen gewachsen zu sein. Wie man lernen kann, stark zu werden und die kleinen und großen Lebenshürden zu meistern. Davon, was man braucht, um sein Glück zu finden. Und schließlich will ich davon erzählen, wie perfekte Momente einem immer wieder neuen Antrieb geben.

Man muss nicht zwangsläufig selbstständig oder gar ein Unternehmer sein, um von meinem Erfahrungsschatz profitieren zu können. Was mich das Leben gelehrt hat, kann sich jeder Mensch zu eigen machen, ganz unabhängig von Alter, Beruf oder Einkommen.

Meine Biografie soll lediglich als Beispiel dienen. Denn sie steckt voller Extreme, voller Berg- und Talfahrten. Voller Momente, in denen ich mich immer wieder neuen Herausforderungen stellen und meine Kräfte für das Abenteuer Leben sammeln musste. Und sie ist die einzige, die ich kenne.

Haben Sie also keine Angst! Sie müssen keinen Weltrekord im Bungee-Springen aufstellen, keine Firmengruppe mit über 500

Mitarbeitern führen und nicht Millionen in andere Unternehmen investieren können oder wollen. Dennoch wird Ihnen meine Geschichte etwas für Ihr Leben mitgeben. Denn ich bin fest davon überzeugt, dass jeder Mensch mehr aus sich machen kann, als er selbst zunächst glaubt. Er braucht dafür den Willen, sich wirklich anzustrengen, und die Bereitschaft, Unsicherheit in Kauf zu nehmen, ins Risiko zu gehen. Dafür bin ich der lebende Beweis und, wenn Sie so wollen, der beste Motivator.

Denn auch ich selbst bin nicht als der Löwe zur Welt gekommen, als der ich nun im Fernsehstudio sitze und selbstbewusst gute Ratschläge erteile. Ich stamme aus einfachen Verhältnissen. Und ob Sie es glauben oder nicht – ich, der Stuntman, der Extremsportler, dem kein Sprung zu tief, keine Wand zu steil, kein Fluss zu wild sein kann, hatte Höhenangst. Aber ich war nicht bereit, mich von dieser Furcht kontrollieren zu lassen. Ängste hindern uns daran, das Geschenk des Lebens ganz zu genießen, perfekte Augenblicke zu erleben und das zu sein, wozu wir geboren sind: frei. Wir müssen nur eins lernen: dem, was uns einschränkt, das Einzige entgegenzustellen, das wir wirklich besitzen – unseren Willen!

Vielleicht, weil ich als Kind einige Jahre eine Waldorfschule besuchte, kommt mir beim Blick auf meinen eigenen Lebensweg Rudolf Steiners „Philosophie der Freiheit" in den Sinn. Der Begründer der Anthroposophie entwirft darin seine Vorstellung des wahrhaft „freien Menschen", der nicht an Vorhersehung, höhere Mächte oder die unbedingte Gültigkeit gesellschaftlicher Normen glaubt, sondern alles bei sich selbst findet: Erkenntnis, Werte, den Sinn des Lebens. „Was hat der Mensch für eine Aufgabe im Leben?", fragt Steiner und antwortet: „Die, die er sich selbst setzt. Meine Sendung in der Welt ist keine vorherbestimmte, sondern sie ist jeweilig die, die ich mir erwähle. Ich trete nicht mit gebundener Marschroute meinen Lebensweg an."

So habe ich es auch immer empfunden und danach gehandelt: Natürlich bestimmen zunächst äußere Faktoren meine

Ein Kandidat in der TV-Show „Die Höhle der Löwen" überzeugt mich, wenn ich spüre: da will einer wirklich was erreichen

Existenz, wann, wo, von wem ich geboren wurde, hinein in welche Umgebung, in welche Gesellschaft. Aber als freier Mensch liegt es an mir, in mir, was ich daraus mache. Ich selbst bestimme die Marschroute meines Lebens. Der freie Mensch, schreibt Steiner, „handelt, wie er will; und er empfindet die Erreichung dessen, was er will, als seinen wahren Lebensgenuß." Auch das habe ich in meinem Leben immer wieder ganz praktisch erfahren: Dass nichts so befriedigend und erfüllend ist wie ein selbst gesetztes Ziel zu erreichen, sei es im Sport, im Privatleben oder im Business.

Köln, viele Jahre später

Mit diesem Willen, aus mir selbst heraus etwas bewegen zu wollen, bin ich nicht alleine auf diesem Planeten. Ich habe ihn hier in Köln, in den MMC Studios während der Dreharbeiten zu „Die Höhle der Löwen" schon bei vielen Menschen gespürt. Dutzende Gründer habe ich im Laufe der bislang zwei Staffeln kommen und gehen sehen. Zwar entdecke ich nur bei wenigen Kandidaten eine Chance und Aufgabe für mich persönlich. Aber allein die Zahl der Bewerber hat mir gezeigt, wie viel Potenzial in diesem Land steckt. Die Sendung zeigt einem Millionenpublikum, dass es gar nicht so schwer ist, selbst etwas auf die Beine zu stellen.

In „Die Höhle der Löwen" erfährt man auf unterhaltsame, anschauliche und sehr persönliche Weise eine Menge darüber, wie die Welt funktioniert, in der wir leben und in der wir täglich Entscheidungen zu treffen haben, große und kleine.

Sagen Sie jetzt nicht: Das ist doch Fernsehen, die Bewerber gibt es bestimmt nicht in echt, das sind sicher Schauspieler und das hier ist „just TV"! Ja, es stimmt, „Die Höhle der Löwen" ist Entertainment. Aber die Show ist viel näher an der Realität, als die Zuschauer vielleicht vermuten, und ebenso sind es die Menschen darin.

Es geht um die Zukunft der Kandidaten, und es geht um echtes Geld – mein Geld. Mehr als eine Million Euro habe ich inzwischen in Menschen und ihre Ideen gesteckt, von denen ich nicht mehr wusste, als sie mir während der 60 Minuten vor der Kamera erzählt haben.

Was braucht ein Kandidat, um mich innerhalb dieser kurzen Zeitspanne zu überzeugen? Für mich ist der Mensch entscheidend. Businessplan, Markt und Produkt/Dienstleistung sind die Variablen eines Geschäftsmodells. Sie verändern sich, müssen sich laufend verändern. Der Gründer, sein Charakter, seine Energie, sein Wille sind die am Ende entscheidenden Faktoren. Er muss bestimmte Führungseigenschaften vorweisen, die nicht jeder hat. Insbesondere die nötige Energie, um die Extrameile zu gehen. Dazu Empathie, und die Fähigkeit, andere zu begeistern und ein Team zusammenzuhalten. Er benötigt die Fähigkeit, Partner für strategische Allianzen zu gewinnen. Idealerweise ist er offen für Beratung.

Und ich muss spüren, dass der Mensch, der vor mir steht, will und kann. Die beste Idee, das intelligenteste Geschäftsmodell bringt nichts, wenn der Unternehmer dahinter nicht in der Lage ist, auf die sich ständig wandelnden Gegebenheiten des Marktes zu reagieren. Im Zweifel investiere ich lieber in einen schlauen Kopf oder eine starke Persönlichkeit, denn selbst der perfekteste Businessplan ist meist schon überholt, bevor die letzte Zahl gerechnet ist.

Es gibt vier Investment-relevante Faktoren: 1. Gründer, 2. Markt, 3. Produkt/Dienstleistung und 4. Businessplan. Der Businessplan zeigt, wie realistisch sich der Gründer mit Markt und Wettbewerb auseinandergesetzt hat, ist für mich dann aber weitgehend nur eine Absichtserklärung. Aus Erfahrung wissen die meisten Unternehmer, dass die Inhalte des Plans in der Realität später häufig nicht so umgesetzt werden können. Denn Faktoren wie Markt und Produkt oder Dienstleistung sind extrem variabel.

Die einzige relativ verlässliche Größe ist Punkt 1 – ein starker Gründer. Oder ein sich heterogen ergänzendes, schlagkräftiges Gründerteam. Denn am Ende des Tages geht es darum, laufend die drei verbleibenden Faktoren zu gestalten und immer wieder neu aufeinander abzustimmen.

Und so verhält es sich auch mit dem Leben. Wie vorausschauend man sich auch anstellt – ein Erfolgsrezept gibt es weder für berufliche noch private Pläne, so sehr wir uns das auch wünschen. Felsenfest habe ich immer an meine Idee eines neuen Handelsprodukts, einer ganz neuen Warengruppe im stationären Einzelhandel – der Erlebnis-Geschenkbox – geglaubt und mit diesem unerschütterlichen Glauben schließlich tatsächlich Berge versetzt. Aber eine Garantie konnte auch ich niemandem geben. Letztlich ist Erfolg immer auch eine Verabredung mit dem richtigen Zeitpunkt. Aber der Dreh- und Angelpunkt sind wir selbst. Versucht man es lange genug und immer wieder neu, dann kommt irgendwann auch der Zeitpunkt, der den Erfolg zulässt. Wie es klappen kann, erfolgreicher Unternehmer des eigenen Lebens zu werden – darüber berichte ich auf den kommenden Seiten. Nur so viel schon vorweg: Es ist unabdingbar, hart zu arbeiten und bereit zu sein, einen Schritt mehr zu tun als alle anderen. Der resiliente Mensch nimmt sein Schicksal selbst in die Hand.

Ich engagiere mich bei „Die Höhle der Löwen" nicht nur, um anderen zu helfen, sondern verfolge handfeste eigene Interessen. Ich wäre nicht ich und säße heute nicht in dieser Jury, wenn ich nicht weiter und weiter auch an meinen eigenen Zielen arbeiten würde. Die Sendung ist für mich eine der Möglichkeiten, die Erlebnismarke Jochen Schweizer bekannter zu machen und etwas vom eigenen Erfolg an Gründer weiterzugeben. Umgekehrt profitiert der Sender wie die Show von meiner unternehmerischen Expertise, der Kommunikationsreichweite meiner Firma und der Bekanntheit meines Namens. Allein 1,6 Millionen meiner Kunden haben den Erlebnisnewsletter abonniert, in dem wir regelmäßig auch über „Die Höhle der Löwen" berichten. – Ein guter Deal für beide Seiten also. Dabei war es für mich überraschend zu lernen, dass zwar einem Großteil der deutschen Bevölkerung „Jochen Schweizer" etwas sagt – aber vielen meiner bisher 4,5 Millionen Kunden wird nun zum ersten Mal klar: Die Person Jochen Schweizer gibt es wirklich! Wer noch nicht wusste, dass es hinter der Firma einen echten Menschen aus Fleisch und Blut gibt, lernt mich nun kennen. Und wird schnell merken, dass es sich nicht um ein Kunstprodukt wie zum Beispiel „Jack Wolfskin" oder „Jeff Green" handelt. Die Marke „Jochen Schweizer" ist die Verkörperung dessen, was ich mein Leben lang getan habe und weiterhin tue: das Leben im Erleben auszukosten bis an seine Grenzen und darüber hinaus, sosehr und so oft ich nur kann. Dieses Gefühl, den besonderen Moment zu spüren, das will ich mit Erlebnissen und Erlebnisgeschenken für jeden Einzelnen möglich machen. Und mit diesem Buch will ich noch etwas mehr.

Vom Geben und Nehmen

Als ich damals das Mandarin Oriental mit leeren Händen verließ, hatte ich eine Niederlage erlitten. Aber sie war zugleich eine Chance: Ich musste mich nach neuen Geldgebern umschauen und habe sie gefunden. Menschen, die an mich und meine Idee glaubten. Sie haben mir am Ende mehr gegeben, als Geld und Zeit – ihr Vertrauen. Dafür will ich mich heute erkenntlich zeigen. Nicht mehr ihnen gegenüber – bis auf zwei Freunde habe ich alle meine Investoren von damals längst ausbezahlt. Nein, das Gleichgewicht will ich auf andere Art wiederherstellen.

Am Anfang meiner Karriere und später im Leben immer wieder habe ich von Menschen mentale und finanzielle Unterstützung erfahren. Ohne sie wäre dieser Weg trotz aller Eigenleistung nur schwer möglich gewesen. Nun, da ich selbst dazu in der Lage bin, fühle ich mich verpflichtet, diese Hilfe weiterzureichen. Und zwar an Menschen, die eine Chance verdienen, so wie ich damals eine Chance verdient hatte. An die Kandidaten und Gründer in der TV-Show, an Menschen, mit denen ich privat oder beruflich in Kontakt stehe, aber – und das hoffe ich sehr – vielleicht auch an Sie, die Leser dieser Zeilen. Vielleicht gelingt es mir, Ihnen mit diesem Buch Mut zu machen, Dinge anzugehen und den einen, entscheidenden Schritt zu gehen, den es braucht, damit viele weitere folgen können.

Eigentlich bin ich kein großer Freund davon zurückzublicken. Denn zwischen Vergangenheit und Zukunft gibt es nur einen Augenblick – und der ist das Leben. Aber mitunter frage ich mich während der Drehpausen in „Die Höhle der Löwen" schon, was ich auf meinem Weg auf die andere Seite gelernt habe. Letztlich ist es vor allem eins: Es geht für jeden, der Erfolg haben will, darum, einmal mehr aufzustehen, als er hingefallen ist. Wie man das macht, wie man die Entschlossenheit, die Energie und Zuversicht dafür findet, davon möchte ich Ihnen im Folgenden berichten.

ANFANGEN

DER ERSTE
SCHRITT,
AUF DEN
ALLE
ANDEREN
FOLGEN

2

„Auch der längste Weg
beginnt mit einem
ersten Schritt"

LAOTSE

Beschreibe mir deine Helden, und ich sage dir, wer du bist

Die Reise ins Ich, wie man sich selbst besser verstehen lernt

Vorsichtig setze ich meine Füße hintereinander. Mit weit ausgebreiteten Armen versuche ich, das Gleichgewicht zu halten. Nur zehn Zentimeter breit ist die Fläche, auf der ich balanciere. Links von mir gähnt die Tiefe, lauert der Tod. Weit unter mir rauscht die Autobahn bei Heidelberg. Es ist vier Uhr früh an einem Sommertag im Juni 1972, als ich versuche, mir in einer ziemlich halsbrecherischen Aktion meine Höhenangst auszutreiben. Ich bin 15 Jahre alt.

Warum mache ich das? Woher kommt diese Waghalsigkeit? Sie werden jetzt vielleicht denken, spinnt der Kerl? Keine zehn Pferde hätten mich da hochgebracht! Aber genauso verhält es sich andersherum: So unmöglich es für Sie vielleicht wäre, auf die Brüstung zu steigen, so unmöglich ist es für mich, genau das nicht zu tun.

Warum bin ich so gestrickt, auch heute noch? Dass ich die Dinge sofort angehe und nicht lange zögere? Diese für mich wohl typische Charaktereigenschaft hat mir schon aus so manch brenzliger Situation geholfen, mich aber noch viel öfter in Gefahr gebracht. Sie ist weder gut noch schlecht, sie ist einfach ich – ein Teil dessen, was mich ausmacht, im Kern meines Wesens. Dagegen anzukämpfen macht keinen Sinn.

> Dies ist eine meiner tiefen Lebensüberzeugungen: Statt unsere ganze Energie darauf zu verwenden, uns zu verändern, um dem Wunschbild anderer oder einer ganzen Gesellschaft zu entsprechen, müssen wir lernen, einen Schritt zurückzutreten und die wesentlich wichtigere Frage zu stellen: Warum sind wir, wer wir sind?

Ich hatte weder Eltern noch eine Kindheit im herkömmlichen Sinn. Mein Vater verschwand (oder wurde vertrieben), bevor ich geboren wurde. Meine Mutter musste arbeiten, um den Lebensunterhalt zu verdienen. Überflüssig kam ich mir vor, fremd auf dem Planeten, auf dem ich ungefragt abgeworfen worden war. Ein Kind ohne Selbstwertgefühl, ungeliebt, schwächlich, ausgelaugt von Diphtherie, dazu geschlagen mit einer scheußlichen Brille und der Augenklappe zur Schieltherapie. So schlingerte ich durch mein Leben. Ganz auf mich allein gestellt musste ich mir meinen Weg von Anfang an selbst suchen. Vermutlich sind mir darum die ersten Leitplanken, die meinem Leben eine Bahn gaben und an denen ich entlang stolperte, bis heute in Erinnerung geblieben und fest in meinem Charakter verankert.

Die Heldensagen im heimischen Bücherregal waren es, die mir zum ersten Mal im Leben eine Richtung wiesen, mit der ich mich identifizieren konnte. Nibelungenlied, Wikingersagen, aber auch Homer, die „Ilias" und die „Odyssee". Die habe ich, weil ich gern und viel las, geradezu verschlungen. Damals hatte ich für das, was ich lesend erlebte, noch keinerlei Begrifflichkeit. Heute würde ich sagen: In der Lektüre begegnete ich lauter beispielhaften Verkörperungen eines resilienten Lebensstils. Keine Krise, kein Schicksalsschlag, dem meine Helden nicht mutig getrotzt hätten – und ich mit ihnen. So erfuhr ich an mir selbst ganz nebenbei etwas vom Wunder der Literatur: dass man lesend ein ganz anderes Leben spüren kann, voller Heldentaten und Gefahren. Man macht, ganz still und bewegungslos ins Buch vertieft, die Erfahrung von Tollkühnheit, Mut, Tatendrang. Man wird lesend ein anderer – ohne die mitunter heftigen Folgen (Niederlage, Verletzung, Tod) wirklich erdulden zu müssen.

Am meisten beeindruckt hat mich eine ganz bestimmte Wikingersage. Noch heute bekomme ich eine Gänsehaut, wenn ich an diese Geschichte denke. Sie erzählt, wie ein berühmter Schwertkämpfer im Krieg mit einem anderen Wikingerstamm in Gefangenschaft gerät und gefesselt in eine Grube voller Wölfe gestürzt werden soll. Ohne Schwert in der Hand sterben zu müssen ist für einen Wikinger der niederträchtigste, würdeloseste Tod und verhindert seinen Einzug nach Walhall, in den Himmel der Helden und Götter. Deshalb erbittet der Held als letzten Wunsch, wenigstens mit seinem Schwert in der Hand den Bestien zum Fraß vorgeworfen zu werden. Der Anführer der Gegner gewährt ihm die Bitte und reicht ihm sein Schwert. Denn anders als seine Gefolgschaft vertraut er der Zusage des Helden, das Schwert nur gegen die Wölfe, nicht aber gegen seine Feinde zu erheben. Und so geschieht es, als der Krieger in die Grube hinabspringt. Nach aussichtslosem Kampf wird er von den Tieren zerrissen und stirbt.

Diese Geschichte von Mut, Männlichkeit, aber auch von Zuverlässigkeit und Treue zu einem einmal gegebenen Wort hat mich als kleinen Jungen sehr geprägt. Daraus habe ich mir eine Art erstes Wertekonzept zusammengebastelt, das ich noch heute für richtig halte: Einzustehen für das, wofür man verantwortlich ist. Einzustehen für die eigenen Werte, notfalls sogar mit seinem Leben. Und es hat sich ergeben, dass ich es später keineswegs bei Lektüre belassen habe, im Gegenteil: Ich habe mich in wilde Abenteuer gestürzt und das Leben in einer Intensität erfahren, wie sie kein Buch vermitteln kann.

Nun war meine Situation als Kind eine sehr spezielle. In meinem Leben gab es keine wirklichen Regeln oder Verbote, und so setzte ich schon in jungen Jahren immer meinen eigenen Kopf durch. Für die meisten Menschen sind die Prägungen in der Kindheit ein schleichender, meist unbewusster Vorgang. Doch genau diese frühen, nicht oder nur kaum reflektierten Erfahrungen bestimmen unsere innersten Werte und unsere Vorstellungen von Gut und Böse, Richtig und Falsch. Sie bestimmen viele unserer späteren Entscheidungen und lebenslang unser Verhalten.

Deshalb ist es wichtig, sich ganz bewusst mit diesem persönlichen „Ehrenkodex" auseinanderzusetzen. Was ist Ihnen besonders wichtig und warum? Was sind Eigenschaften, die Ihnen an sich und an den Menschen in Ihrem Leben positiv auffallen? Welche Eigenschaften beurteilen Sie negativ – an sich und an anderen? Wovon wünschen Sie sich mehr, wovon weniger? Welche Vorbilder haben Sie? Das müssen nicht immer klassische Helden sein wie in meinem Fall; bei den wenigsten Menschen werden es dieselben sein. Aber wen oder was wir bewundern, sagt viel über uns selbst aus und hilft letztendlich zu einem besseren Verständnis des eigenen Charakters. Schon der mittelalterliche Philosoph Erasmus von Rotterdam sagte: „Glücklich ist, wer das sein will, was er ist."

Das Ziel dieser gründlichen Selbstbefragung ist – Selbsterkenntnis. Wer bin ich? Was mache ich hier? Was bleibt am Ende von mir? Wenn Sie selbstbestimmt Ihren Lebensweg gehen wollen, werden Ihnen Ihre ganz persönlichen Antworten auf diese grundsätzlichen Menschheitsfragen eine entscheidende Hilfe sein. Haben Sie zum Beispiel einen Freund, den Sie um seine Spontaneität und Abenteuerlust beneiden? Warum finden Sie diese Eigenschaften gut? Spüren Sie in sich selbst die gleiche Lust am Erlebnis? Oder geht es Ihnen mehr um die Bewunderung der Anderen? Warum fehlt Ihnen vielleicht der Antrieb, es dem bewunderten Freund gleichzutun? Sind es wichtige berufliche oder private Verpflichtungen? Oder ist der Gedanke schöner als die Wirklichkeit? Suchen Sie nach einer Antwort, indem Sie es einfach ausprobieren. Lassen Sie sich von Ihrem Freund anstecken, sagen Sie bei seiner nächsten Idee zu einer gemeinsamen Unternehmung einfach „Ja". Und seien Sie ehrlich zu sich selbst, wenn Sie sich anschließend fragen, was das Erlebnis Ihnen bedeutet hat. Entweder sind Sie begeistert und werden mehr aufregende Dinge erleben. Oder aber Sie werden besser verstehen, warum Ihre Abenteuerlust weniger ausgeprägt und einfach nicht Ihr Ding ist. In jedem Fall werden Sie sich im Erleben selbst ein wenig besser kennenlernen und akzeptieren können, wer Sie sind.

Für mich waren Siegfried und Odysseus die Helden meiner Kindheit. Mutige Kämpfer, die vom Schicksal stets auf die Suche nach der nächsten Herausforderung geschickt wurden. Keine große Überraschung bei jemandem, der schon immer seinen eigenen Kopf durchsetzen wollte.

Sich selbst zu erkennen und in seiner Eigenart zu akzeptieren bedeutet nicht, dass wir uns nicht auch verändern können. Werte und Moralvorstellungen sind keine in Stein gemeißelten Gebote, sie unterliegen der Veränderung und können und sollen im Laufe des Lebens mit uns wachsen. „Nur wer sich ändert, bleibt sich treu", heißt es in einem schönen Lied von Wolf Biermann. Das heißt nicht, dass man seine Ideale opportunistisch und geschmeidig jeder neuen Lebenslage anpasst. Aber man muss sich selbst die Chance geben, klüger zu werden. Sonst endet man als verbohrter Ideologe seiner selbst, der Sturheit mit Prinzipientreue verwechselt. Denn schließlich werden wir alle nicht perfekt geboren, und die wenigsten schaffen es, perfekt zu sterben. Dazwischen passiert – das Leben. Und von ihm sollte man lernen; auch ich habe das getan, tue es immer noch und werde es hoffentlich immer tun.

Habe ich Vorbilder?

Ein alter Mönch sagte einmal zu mir: Wenn Du keinen Lehrer findest auf Deinem spirituellen Pfad, dann gehe Deinen Weg allein. Es nutzt nichts, von denen zu lernen zu versuchen, die nichts zu sagen haben. Ein sehr weiser Ratschlag, den ich auf alle Bereiche meines Lebens übertragen habe.

Ich habe das Glück, von vielen Menschen, die mich begleiten, lernen zu dürfen. Es sind zumeist Menschen, die ganz bestimmte Fähigkeiten besitzen, über die ich nicht oder nur schwach ausgeprägt verfüge.

Aus frühester Jugend und bis heute an meiner Seite ist Caspar Thierfelder. Wir entstammen der gleichen Kanutenschmiede, dem WSC Heidelberg, und rund 50 Jahre später sind wir immer noch Freunde. Mit ihm teile ich Erlebnisse in einer Vielzahl und Dichte wie mit keinem anderen Menschen. Zu Caspar fällt mir der Satz ein: „Ein Freund ist jemand, der dich sehr gut kennt – und trotzdem mag ..." Wie wir beide zueinander stehen und was wir füreinander sind, braucht nicht viele Worte. Nachdem wir nach dem Abitur mit unseren Motorrädern die Sahara durchquert hatten, sagte er: „Jochen, ohne Dich wäre ich nie losgefahren!" Und ich antworte: „Caspar, ohne Dich hätte ich das vermutlich nicht überlebt."

Michi Kiesl, vielfacher Kajak – Champion, heute Geschäftsführer meiner Unternehmensgruppe, kam vor 25 Jahren mit seinem Rennkajak unter meinem Bungee-Kran durchgepaddelt. Seither begleiten wir uns – er ist ein „Fels in der Brandung" und hat mit mir alle Stürme gemeistert.

Weitere und andere Menschen sind hinzugekommen. Heute schätze ich einen altgedienten, lebenserfahrenen Geschäftsmann wie die Werbeikone Jürgen Knauss, einer, der schon früh an mich geglaubt hat und der noch heute, mit 76 Jahren, im Beirat meiner Firma sitzt. Ein kreativer Kopf mit Haltung und klarem Geist.

Oder Ralf Corsten, der frühere Chef des Reisekonzerns TUI, der auch schon 73 und doch ein unendlich wertvoller Berater für mich ist, ein stiller Stratege mit großer Erfahrung in allen Fragen der Unternehmensführung.

Oder Benedikt Best, auch schon über 60, ehemaliger Geschäftsführer der Sport Scheck Gruppe und Karstadt-Vorstand. Er brennt immer noch wie ein 30 Jähriger und berät mein Management in Sachen Strategie und Einzelhandel.

Sie alle bringen Dinge mit, die ich nicht oder nur sehr schwer aus mir selbst schöpfen kann. Analytisch in der Sache, klar in der Strategie und erfahren in der taktischen Umsetzung. Letztlich halte ich es für richtig, sich an Menschen zu orientieren, die man persönlich kennt, die einem begegnet sind, mit denen es zu einem energetischen Austausch kommt, die man sehen, spüren, riechen, fühlen und auf ihre Authentizität hin überprüfen kann. Und obwohl ich mich schwertue damit, Vorbilder zu haben, beobachte, bewundere, respektiere ich bestimmte Fähigkeiten an Menschen, die zugleich in anderen Dingen ganz unvollkommen sein können – genau wie ich auch. Ich versuche, mir von verschiedenen Menschen das Beste abzuschauen und danach zu streben, es ihnen gleichzutun. So wird man selbst vielleicht etwas vollkommener. Oder besser: etwas weniger unvollkommen. Und das ist eigentlich doch der beruhigende Gedanke. Wichtig ist es zu erkennen, dass es das perfekte Vorbild nicht gibt. Aber es gibt viele Menschen, die einige Dinge sehr gut und definitiv besser können als ich. Von Spezialisten lernen – ich denke, das ist ein Weg, den es sich zu verfolgen lohnt.

Und dabei bleibe ich dennoch ganz bei mir selbst.

Es gibt nichts Gutes, außer man tut es.

Ich muss etwa 12 Jahre alt gewesen sein, als ich eines Tages sah, wie mein älterer Bruder von zwei Nachbarsjungen fürchterlich verprügelt wurde. Er flog in eine Hecke, aus der er sich mit Mühe befreien konnte, aber nur, um weitere Schläge einzustecken. Wirklich fassungslos machte mich damals, dass er sich überhaupt nicht wehrte. Wie würdelos! Lieber kämpfend sterben, als zu verlieren, dachte ich mit meinem Kopf voller Heldengeschichten. Selbst wenn der Schädel dröhnt und die Nase blutet – wehren kannst du dich immer noch! Und so bin ich, ohne zu zögern, als kleiner Steppke in die Schlacht gezogen für meinen großen Bruder. Natürlich konnte ich mit meiner Wut, mit meinem bloßen Willen keine Naturgesetze aushebeln. Ich blieb, was ich war in jenem Moment: ein schwächlicher 12-Jähriger. Und musste ordentlich einstecken. Aber ich wehrte mich, verbissen bis zur totalen Erschöpfung. Am Ende des Tages fasste ich einen Entschluss: Mir soll es, wenn ich einmal so groß bin wie mein Bruder, anders ergehen. Ich werde bereit sein, weiter zu gehen als jeder meiner Gegner. Ich nahm mir vor, nie wieder zu verlieren.

Aus diesem großen Plan ist natürlich nichts geworden. Obwohl ich von diesem Tag an jede Treppe zweimal lief und alles tat, um stärker und fitter zu werden, habe ich immer mal wieder ordentlich Prügel einstecken müssen. Aber, und das allein zählt, ich habe immer ebenso hart ausgeteilt und nie aufgegeben. Und darum immer öfter auch gewonnen.

Heute, viele Träume und Abenteuer später, ist es diese auf der Straße gemachte Erfahrung, der daraus geborene Wille, die mir geblieben sind. Welches Ziel ich auch verfolge, ob ich einen LKW-Konvoi durch Afrika lotse, Versicherungen verkaufe, perfekte Stunts absolviere oder neue Geschäftsideen in die Tat umsetze – ich gebe mich niemals geschlagen und immer mein Bestes.

Es muss aber nicht immer die offene Feldschlacht sein. Die wahrhaft große Kunst besteht darin zu siegen, ohne zu kämpfen. Mit Weitblick strategische Positionen zu besetzen, um ans Ziel zu gelangen. Geduld zu haben und nach intelligenten Lösungen zu suchen, die sich nicht gleich aufdrängen. Denn Erfolg ist immer auch eine Verabredung mit dem richtigen Zeitpunkt.

In der Bibel, im 3. Kapitel des Buches Kohelet, ist die Einsicht in die Magie des Moments auf unnachahmliche Weise formuliert: „Ein Jegliches hat seine Zeit, und alles Vorhaben unter dem Himmel hat seine Stunde: geboren werden hat seine Zeit, sterben hat seine Zeit; pflanzen hat seine Zeit, ausreißen, was gepflanzt ist, hat seine Zeit; abbrechen hat seine Zeit, bauen hat seine Zeit; verlieren hat seine Zeit; behalten hat seine Zeit, wegwerfen hat seine Zeit; zerreißen hat seine Zeit, zunähen hat seine Zeit; schweigen hat seine Zeit, reden hat seine Zeit. Man mühe sich ab, wie man will, so hat man keinen Gewinn davon." Für den frommen Prediger Salomo, dem dieser Text zugeschrieben wird, folgt daraus, dass alles allein in Gottes Hand liegt, „man kann nichts dazutun noch wegtun". Ich gestehe, dass ich nicht fromm genug bin, um das so absolut zu glauben. Aber ich habe gelernt, dass bei all meiner eigenen Entschlossenheit die Zeit selbst das Ihre dazu beitragen muss, damit eine Sache gelingt. Mitunter müht man sich vergeblich, das Momentum ist bei allem Einsatz nicht auf meiner Seite. Aber es wird kommen – wenn ich weiter daran arbeite. Denn auch das schwingt in der Bibelstelle mit: Nicht Gott, keine höhere Macht erledigt alles für mich, nein, ich muss schon selbst unentwegt bauen, säen, sammeln, zerreißen und zusammennähen, sonst passiert nämlich gar nichts, zu dem die richtige Zeit kommen könnte. Dem Glück die Chance geben nenne ich das. Es braucht zwei aktive Komponenten, um es haben zu können: Ich muss aktiv sein und etwas unternehmen – und wenn das Glück sich endlich zeigt, dann heißt es: beherzt zugreifen. Erst im Miteinander von Aktivität und Geduld kommt es zum erfüllten Moment. Um das zu begreifen, habe ich eine Weile gebraucht, und dieses Wechselspiel zu akzeptieren ist bis heute mitunter harte Arbeit für mich.

Die wichtigste, die einzige Frage, die Sie sich selbst als Erstes stellen müssen, ist die nach Ihrem Traum. Was wünschen Sie sich vom Leben? Nicht in zehn Jahren, nicht im hohen Alter – dann ist es vielleicht zu spät. Was wünschen Sie sich heute, was wollen Sie JETZT erreichen, im Kleinen und im Großen, beruflich und privat? Träumen Sie, ob mutig oder bescheiden, ist völlig egal. Ein Marathon, eine Diät, ein besonderes Erlebnis, ein neuer Job, ein eigenes Unternehmen, mehr Zeit mit der Familie, ein totaler Neuanfang – es ist Ihr Leben, es ist Ihre Zukunft. Mensch zu sein heißt, an das Unerreichbare zu denken – nur so können Sie es manchmal wahr machen.

Was das heißt? Fangen Sie einfach an! Nicht morgen, nicht übermorgen, sondern sofort, JETZT!

Wenn Sie eine bessere Figur wollen, dann machen Sie JETZT 10 Liegestütze und 20 Kniebeugen. Nichts und niemand kann Sie daran hindern – außer Sie selbst. Und ab sofort machen Sie das jeden Tag zwei Mal. Schauen Sie nach zwei Monaten in den Spiegel – die sichtbare Veränderung wird sie motivieren, noch mehr zu tun.

Wenn Sie glauben, nicht genug Zeit zu haben – ganz einfach: don't watch TV!

Machen Sie den ersten Schritt, den einen, der notwendig ist, damit alle anderen folgen können. Setzen Sie ganz einfach einen Fuß vor den anderen und beobachten Sie aufmerksam, wohin Ihr Weg Sie führt. Lassen Sie sich ein auf das große Abenteuer, das Leben heißt.

Abenteuer bedeutet nichts anderes als Unsicherheit – aber nur in der Unsicherheit liegt die Chance.

Chance und Risiko bedingen einander. Wer etwas riskiert, der kann verlieren. Aber wer nichts riskiert, kann nicht viel Neues entdecken.

Auch wenn Sie nichts tun – irgendetwas wird immer passieren. Es wird nur nicht das sein, was Sie wollten.

Kajaken

"Zen-Kayaking": Es ist anstrengend
und verlangt Konzentration

Von klein auf musste ich in allen Dingen immer selbst sehen, wie ich aus dem Quark komme, auch finanziell gesehen. Taschengeld gab's nicht, also sammelte ich auf Baustellen leere Flaschen und kassierte das Pfand. Während die anderen nach der Schule Fußball spielten oder den Mädels nachschauten, musste ich zur Arbeit und die Not machte mich erfinderisch. Im Herbst half ich im Wald, Bäume zu fällen. Im Winter schnitt ich Misteln und verkaufte sie auf dem Weihnachtsmarkt. Im Sommer putzte ich am Heidelberger Neckarufer gegen kleines Geld Mietruderboote. Und entdeckte dort etwas, das mein Leben verändert hat wie wenig anderes.

AUGENBLICK

Eines Tages kamen ein paar Kajakfahrer vorbei. Die fand ich so eindrucksvoll, dass ich sofort beschloss: Das will ich auch. Es war ein unbeschreiblicher innerer Drang.

Ich wurde Mitglied im Wassersportclub Heidelberg und fühlte mich vom ersten Tag an zu Hause. Das Training war hart, aber wir wollten es nicht anders. Die geregelten Abläufe, die festen Termine gaben mir ein Gefühl von Sicherheit und Stabilität, zudem half mir der Sport dabei, das zu werden, was ich nach den Prügeln für meinen Bruder unbedingt sein wollte: stark. Vier Tage in der Woche waren wir auf dem Wasser, dazu noch zwei Tage Laufen und Krafttraining – ich bekam breite Schultern, ziemlich dicke Arme und entwickelte ein gutes Körperbewusstsein. Anfangs brauchte ich noch vier Stunden, um die 15 Kilometer gegen die Strömung den Fluss hinaufzupaddeln, ein paar Jahre später, als 16-Jähriger, bin ich dieselbe Strecke in einem Wildwasser-Rennkajak in nur 2 Stunden 10 Minuten gepaddelt, also fast doppelt so schnell.

Ich werde nie vergessen, wie wir als Kinder auf Wanderfahrt nachts aus dem Zelt krochen, heimlich die Boote in den stillen Fluss legten, über dem ein feiner Nebel stand – und uns dann mit leisen Paddelschlägen über das nachtschwarze Wasser davonmachten. Zwei, drei Kilometer paddelten wir stromaufwärts, bis um die Flussbiegung herum, hinter der sich die Lichter Neckarsteinachs im Wasser spiegelten. Ich spürte, hier auf dem Fluss ist meine Heimat, mehr als in den Wänden meines Zuhauses.

Schon bald war mir der brave Neckar nicht mehr genug, ich wollte Wildwasser fahren. Doch dazu fehlte mir die entscheidende Technik, um im Falle des Kenterns das Boot ohne auszusteigen wieder aufzurichten: die Eskimorolle.

Die ersten Übungen machen wir am Baggersee und durch einen glücklichen Umstand gelingt mir der entscheidende Hüftknick, mit dem man das Boot wieder aufrichtet, schon beim zweiten oder dritten Versuch. Bald konnte ich auf dem stehenden Gewässer so prima rollen, dass ich Steppke mit einer Gruppe Kanuten aufbrechen durfte zur Ötztaler Ache.

Das Gefühl ist unbeschreiblich, ein perfekter Augenblick, mein erster. Ich bin 14 Jahre alt, aber in diesem Augenblick, unbeobachtet
von den anderen Kanuten, spüre ich, wozu mein Körper in der Lage
ist. Ich würde es heute als Kompetenzerlebnis bezeichnen. In diesem
Moment bin ich Herr der Situation, kein Spielball der Elemente. Aus
eigener Kraft kann ich mich befreien und zurück ins Spiel bringen.
Dass mein gelungenes Manöver ohne Zuschauer abgelaufen ist,

Die „Eskimorolle", im Tosbecken eines Wasserfalles, dokumentiert mit einer Motor-Kamera, Korsika 1978

macht das Geschehene für mich nur noch persönlicher, noch kostbarer. Ich brauche keinen Applaus, mir genügt das Erlebnis.

Der perfekte Augenblick: Für mich war es eine Situation, in der ich gespürt habe, dass ich absolut Herr der Lage bin. Dass ich aus eigener Kraft die Dinge wenden und kontrollieren kann. Ich konnte umsetzen, was mich im Kern ausmacht: Wiederaufstehen.

Erkennen und genießen Sie bewusst solch einen Moment, in dem einfach alles stimmt. In dem Sie zu 100 Prozent sind, was Sie sind, in dem Sie total bei sich sind – dort finden Sie Ihre Kraft, und Sie tanken auf für alle anderen Dinge im Leben. Die Erinnerung an positiv bewältigte Herausforderungen nimmt die Angst vor der Zukunft.

SPRINGEN

ANGST UND
FURCHT,
UNSER
FEIND UND
FREUND

3

„Nicht weil es schwer ist, wagen wir es nicht.
Weil wir es nicht wagen, ist es schwer"

SENECA

Oder: Manche sagen -
It may be possible – but it's too difficult.
Andere sagen –
It may be difficult, but it's possible.

Lernen, auf die innere Stimme zu hören

Wie wir uns selbst im Wege stehen

Die Sesia bei Hochwasser ist einer der am schwersten zu befahrenden Wildflüsse Italiens. Deshalb habe ich mir die Strecke, die ich nehmen will, besonders intensiv angeschaut. Jetzt bin ich unterwegs, mit zwei Schlägen pro Sekunde, rechts, links, rechts, links, immer weiter beschleunige ich, so schnell wie irgend möglich. Die Schlucht vor mir verengt sich, das Wasser wird noch reißender, ich werde noch schneller und rase auf die Abbruchkante des Wasserfalls zu. Ich habe keine Angst, ich kann das. Tausende Male habe ich mich inzwischen im Kajak so etwas hinabgestürzt, bin über die Kante hinausgeschossen, das Boot waagrecht in der Luft, zehn Meter hinabgeflogen, unten gelandet und einfach weitergefahren. Im schlimmsten Fall bin ich gekentert, habe eskimotiert, und weiter ging's. Doch diesmal spüre ich: Etwas ist anders.

Senkrecht stürze ich nach unten, die Spitze des Boots voran. Keine Kontrolle. Keine Orientierung. Ich tauche ein. Wie ein Speer schieße ich durch das aufgewühlte Wasser voran in die dunkle Tiefe des Gumpens Richtung Grund. Es kracht. Mein Kajak schlägt ein, steckt senkrecht fest. Und ich darin. Ein Vertical Pin, der schlimmste Albtraum eines jeden Kajakfahrers.

Fast immer tödlich. Der unglaubliche Druck des herabstürzenden Wassers presst nach vorne, nagelt den Fahrer im Boot fest. Es gibt kein Entkommen …

Ist es das jetzt gewesen mit meinem Leben?

Nein, ich bin nicht bereit, hier unten zu bleiben. Ich weiß, dass ich nur wenig Zeit habe. Kein Denken – nur Handeln. Ich zwänge das rechte Knie aus der Luke, das linke Bein drücke ich mit aller Kraft gegen das Stemmbrett in der Spitze des Boots. Entschlossen rolle ich mich nach vorne aus dem Kajak, jetzt noch mehr dem Druck des Wassers auf meinen Oberkörper ausgeliefert. Mein rechter Unterschenkel bricht an der Kante der Luke durch wie ein dürrer Ast. Mein linkes Knie wird mit aller Gewalt nach vorne über die Kante durchgebrochen. Mit einem Peitschenknall zerreißen alle Bänder, ich komme frei. Ich lebe. Viele Wochen verbringe ich in Krankenhäusern und im Rollstuhl in der Reha, Monate auf Krücken. Aber ich lebe und komme zurück.

Sag mal, Jochen, hast du eigentlich keine Angst?, werde ich immer wieder gefragt. Schon als ich noch ein Junge war, wollten das immer alle wissen. Damals bin ich auf einen Baukran geklettert, um die Frage zu beantworten, wer der Mutigste sei. Und für mich war es natürlich nicht genug, einfach nur die Leiter zur Führerkabine hochzusteigen. Nein, ich musste auch noch zur Spitze des Auslegers krabbeln und an der letzten Strebe drei Klimmzüge machen. Immer einen Schritt mehr, über die Grenzen hinaus. Da draußen an der Kranspitze hatte ich keine Angst, ganz im Gegenteil: Ich fühlte mich extrem lebendig. Und unter keinen Umständen hätte ich herunterfallen können – ich hätte 30 Klimmzüge geschafft.

In späteren Jahren, als ich extreme Sprünge wagte und dadurch bekannt wurde, fragten Journalisten oft: "Herr Schweizer, haben Sie denn keine Angst vor dem Tod?" Ich wusste lange nicht, was ich darauf antworten sollte. Denn natürlich habe ich Angst vor dem Tod, ich will ja möglichst lange leben!

Heute weiß ich, dass die Frage falsch gestellt ist. Denn was wäre der Tod ohne das Leben davor? Ich habe verstanden, dass es mir unbewusst nicht so sehr um die Frage ging, wann ich sterben würde – sondern vielmehr darum, wie ich leben wollte. Und ich war immer bereit, etwas mehr Risiko zu akzeptieren, um mehr zu erleben.

Das ist wie die Frage nach „Auto oder Motorrad?"

Autofahren ist sicherer – aber Motorradfahren macht eine Menge mehr Spaß. Jeder muss für sich selbst entscheiden, auf welches Risikoszenario er sich einlassen will, um vielleicht intensiver zu leben.

> Dass wir sterben werden, ist die einzige Gewissheit im Leben. Dieser Umstand wird durch die Tatsache gemildert, dass wir nicht wissen, wann der Tod eintritt.
>
> Nicht den Tod sollte man fürchten, sondern dass man nie beginnt wirklich zu leben. Das heißt nicht, dass Sie sich nun auf zum nächsten Kran oder Wildwasser machen müssen. Mut bedeutet nicht immer sportliche Waghalsigkeit, auch nicht für mich. Mut bedeutet, den Schritt aus der individuellen Komfortzone hinauszuwagen in die Unsicherheit. Jeder Mensch kann das, auch Sie. Ich glaube sogar, dass es jeder tun muss, wenn er fühlen will, wie viel Lebendigkeit wirklich in ihm steckt. Dazu muss man allerdings bereit sein, ein Stück Sicherheit und Routine aufzugeben. Erst die Überwindung der Angst vor der Unsicherheit macht uns frei, Entscheidungen zu treffen und das Geschenk des Lebens ganz auszupacken. Diesen Schritt nach vorne müssen Sie wagen und sich auf das Abenteuer einlassen. Nur so können Sie wachsen und sich weiterentwickeln.

Für mich beginnt das nächste große Abenteuer 1987 während der Dreharbeiten zu Willy Bogners Film-Projekt „Fire, Ice and Dynamite". Zusammen mit anderen Athleten liefere ich die spektakulären Stunts: Kajak fahren, Basejumping, Klettern, Gleitschirmfliegen, Extrem-Mountainbiking, Freeriden im tiefsten Powder auf den steilsten Hängen. Eines Morgens, aus einer Laune heraus, zwischen den Drehs, um meine Fußgelenke ein spontan aus alten Expandergummis eben erst selbstgebautes Seil, absolviere ich meinen ersten Bungee-Sprung von einer alten Genueser Steinbrücke über dem Fluss Verzasca. Langsam lasse ich mich vornüberfallen, alles geht gut, kopfüber pendle ich jubelnd unter der Brücke. Ich habe den Schritt gewagt, und von nun an beginnt ein neues Lebenskapitel: Bungee Jumping.

Wie eine Domino-Kette fallen nun die Steine. Willy Bogner fragt sofort, ob ich so einen Sprung nicht am nächsten Drehort machen könne, der Staumauer des Lago di Vogorno. Ich habe keine Ahnung, ob so ein Sprung auch dort funktionieren kann. Hat ja noch niemand probiert. Meine Antwort kommt dennoch prompt: „Klar, geht!" Was ich nicht weiß: Die Staumauer ist keine 20, sondern 220 Meter tief.

Dieses Mal testen wir ein bisschen mehr, dann springe ich. Nie werde ich vergessen, was ich empfand, als ich da oben auf der Kante stand und über meine Fußspitzen in die Tiefe blickte. Ich hatte Angst. Als ich dennoch abspringe und falle, fällt alles von mir ab. Es ist ein Gefühl absoluter Freiheit, ein Gefühl des „eins mit allem Seins". Bei diesem Sprung begegnen sich in mir zwei eigentlich gegensätzliche Gefühle: Angst und Lust. Und es entsteht etwas, ein neues Gefühl, das ich erst jetzt in Worte zu fassen vermag: Angstlust.

> Der Bogner-Film wird ein Riesenerfolg; bei der Premiere will der Applaus für meinen Sprung gar nicht aufhören. Doch ich habe gemischte Gefühle. Für mich besteht meine eigentliche Leistung in den extrem schwierigen Wildwasser- Kajakpassagen, die ich im Film bewältigt habe. Auf die bin ich stolz, sie sind der Höhepunkt einer jahrelangen Entwicklung, Lohn für endloses Training, auch Lohn dafür, dass ich den Vertical Pin überlebt und mich an die Spitze zurückgekämpft habe. Am Ende aber werde ich auf den Schild gehoben für einen Sprung, den im Grunde jeder hätte machen können.

Auch das ist eine Lehre fürs Leben: Anerkennung, Ruhm und Ehre gibt es in den seltensten Fällen für die Dinge, die uns die meiste Kraft und Anstrengung kosten. Das heißt nicht, dass ein leicht verdienter Erfolg wertlos ist. Aber nur ich selbst weiß, auf was in meinem Leben ich am meisten stolz sein kann, wofür ich am meisten gearbeitet habe.

Dieser eine Sprung löst einen Hype aus, immer mehr Menschen rufen mich an und fragen, ob ich nicht so etwas für sie organisieren könnte. Ich lehne alle Anfragen ab, erst als mich jemand auf der Straße anspricht, nenne ich zur Abschreckung eine absurd hohe Summe. Der Interessent lässt sich selbst davon nicht beeindrucken, und ich muss liefern. Mit der Unterstützung von Freunden schicken wir die ersten zehn Springer schließlich in einer Nacht- und Nebelaktion vom Geländer einer Brücke südlich von München. Die Anfragen reißen nicht ab, und so gründe ich nach kurzer Zeit die Jochen Schweizer Bungee GmbH. Am 1. Mai 1990 ist es so weit: Meine Bungee-Anlage geht in Betrieb, die erste ihrer Art in ganz Deutschland. Gemeinsam mit dem TÜV entwickle ich technische Vorgaben für den Betrieb. Längst baue ich auch die Seile nicht mehr selbst, sondern tue mich mit den Jumbo Textilwerken, einem Familienunternehmen in Wuppertal zusammen, das bislang nur so etwas Altmodisches wie elastische Bänder, Kordeln und Litzen produziert hat. Jetzt sind wir zusammen die Avantgarde einer neuen Bewegung, die bis heute anhält: Am 6. Juni 2015 feierten wir an der Sprunganlage in Oberschleißheim 25-jähriges Jubiläum.

Ich habe das Bungee-Springen nicht erfunden. Einen einzigen, DEN Erfinder des Bungee gibt es vermutlich gar nicht. Die ersten modernen Sprünge absolvierten vermutlich drei verrückte Engländer vom „Oxford Dangerous Sports Club". Aber ich habe es in Deutschland eingeführt und populär gemacht. Es war nicht das Ergebnis einer ausgefeilten strategischen Planung; ich habe nicht bewusst ein Angebot geschaffen, um das herum sich irgendwann ein Markt gebildet hat. Ich hatte einfach eine Idee und habe diese Schritt für Schritt weiterver-

JOCHEN SCHWEIZE
BUNGE
Jumpi
INFO: 089 / 150

1994: Regattastrecke München Oberschleißheim.
Absprung aus 130 Meter über die untergehende Sonne

folgt und ausgebaut. Der Zeitpunkt war einfach gekommen für dieses Abenteuer, das bis heute Hunderttausende Menschen erleben durften. Allein mit meinem System habe ich mehr als 600.000 Sprünge ermöglicht.

Und genau das ist das Geheimnis jeder erfolgreichen Idee: Man muss den ersten entscheidenden Schritt tun, um danach alle weiteren gehen zu können. Ist man erst einmal unterwegs, dann entwickeln sich die Dinge oft überraschend. Es kommen Herausforderungen auf einen zu, deren Bewältigung man sich selbst vielleicht nicht zugetraut hätte. Man hätte die Situation lieber vermieden, wenn man die Wahl gehabt hätte. Aber wer sich ernsthaft auf den Weg gemacht hat, steht gar nicht vor dieser Wahl. Er muss die Herausforderungen meistern, wie sie kommen – und er wird daran wachsen. Ich bin heute überzeugt davon, dass uns das Leben keine Aufgabe stellt, ohne uns auch die Kraft zu geben, sie zu meistern.

Mein erster Schritt – dem dann alle weiteren folgten – war der über die Kante hinaus, hinab in diese furchtbare Tiefe. Wäre ich den nicht gegangen, hätten die anderen Schritte nicht folgen können. Dies ist mein ganz persönliches Beispiel, wurzelnd in meiner individuellen Biografie. Aber wir alle stehen – im übertragenen Sinne – immer wieder auf Kanten von Staumauern. Wägen Sie gut ab, was Sie tun wollen. Auch ich hatte zuvor zum Test des Seils ein 80 Kilogramm schweres Fass in die Tiefe geworfen. Aber wenn Sie dann abspringen, tun Sie es mit aller Entschlossenheit und Konsequenz. Und seien Sie sich bewusst, dass es nur der erste Schritt eines weiten Weges sein wird. Aber ich versichere Ihnen: Es kann sich lohnen, diesen Weg zu gehen, der kein leichter sein wird. Denn Sie werden Fehler machen.

In einem Interview wurde ich einmal nach meinen Fehlern gefragt und danach, was ich rückblickend anders machen würde. Ich sagte: „Die Frage passt nicht zu meiner Lebenshaltung. Denn jeder Mensch befindet sich in seinem Leben auf einer bestimmten Position. Diese Position ist das Ergebnis der Summe aller Entscheidungen, die er in der Vergangenheit gefällt hat – auch der vermeintlich falschen. Würde ich zurückschauen, sähe ich einen Haufen Fehler, die ich gemacht habe. Könnte ich sie nachträglich vermeiden, hätte das meinen Weg wesentlich leichter gemacht. Ich wäre heute aber ein anderer Mensch, da ich aufgrund falscher Entscheidungen in unglaublich schwierige Situationen kam, die ich meistern musste. An diesen Situationen bin ich gewachsen. Hätte ich mich stets richtig entschieden, hätte ich nicht wachsen können und wäre nicht der, der ich heute bin.

Lieber Leser, haben Sie keine Angst, Fehler zu machen, haben Sie lieber Angst, überhaupt keine Fehler gemacht zu haben.

BUNGEE – EIN KRAFT...

Die Ur-Form des Bungee-Springens: Die „Landtaucher" von Pentecost stürzen sich rituell in die Tiefe

Der Ethnologe Claude Lévi-Strauss spricht davon, dass sich Menschen aller Kulturen immer wieder in gefährliche Randzonen der Existenz vorwagen, wo die sozialen Normen keine Gültigkeit mehr haben und Situationen totaler Unsicherheit entstehen. Was im Alltag als „normal" gilt, verliert plötzlich komplett an Bedeutung. Solche Momente der Unsicherheit zu schaffen, ist nicht nur für jeden einzelnen, sondern für ganze Gesellschaften existenziell. Denn erst die tiefe Unsicherheit, die Bereitschaft, sich verunsichern zu lassen, ermöglicht Erlebnisse, die so intensiv sind, dass sie den Menschen

TUAL MIT TRADITION

verändern, voranbringen seine kulturelle Kreativität erhalten. Beispiele dafür finden sich überall auf der Welt. Eines, dem Bungee-Springen nah verwandt, durfte ich selbst erleben und trage die beeindruckenden Erinnerungen bis heute in mir.

Bis zur Republik Vanuatu, einem Inselstaat im Südpazifik, 2000 Kilometer östlich von Australien, hat sich offenbar herumgesprochen, was ich so treibe. Die Tourismusbehörde des Zwergstaates lädt mich jedenfalls ein, Pentecost zu besuchen, eine Insel im Norden des Vanuatu-Archipels. Denn hier tun die melanesischen Ureinwohner seit Jahrhunderten, womit ich gerade erst begonnen habe: Sie stürzen sich aus freien Stücken in die Tiefe. „Gol" heißt das Spektakel der „Landtaucher", bei dem kein Gummiseil und kein TÜV die Sicherheit garantieren.

Von Paris aus breche ich auf, mit dem Flugzeug über Tokio, Noumea in Neukaledonien und Port Vila, der Hauptstadt von Vanuatu, nach Espirito Santo. Mit dem Segelboot eines Freundes geht es weiter nach Pentecost, wo ich ein paar Tage später mit dem Dingi an Land rudere.. Völlig einsam ist der Strand, von Urwalddickicht gesäumt. Wie aus dem Nichts steht plötzlich ein Mann vor mir, unglaublich breit und muskulös, völlig nackt bis auf einen Namba, eine Penisbinde, die mit einer dünnen Schnur um die Hüften gebunden wird. „Bong", sagt er und zeigt auf seine breite Brust. „Jochen", sage ich. Umgehend brechen wir auf ins Inselinnere, wo das Turmspringen stattfinden wird. Mehr im Laufschritt als gehend stürmen wir durch den Urwald, steigen immer höher die Berge hinauf. Es geht über Lichtungen, durch Bäche, Schlamm und Steinfelder. Ich muss meine letzten Kräfte mobilisieren, um mitzuhalten. Das nasse Segeltuch der Turnschuhe scheuert an meinen inzwischen offenen Blasen. Und ich habe keine Ahnung, wie lange wir noch laufen werden. Erst im letzten Licht des Tages kommen wir an. In Bunlap, dem wichtigsten Dorf der Turmspringer. Inzwischen verstehe ich, warum Bong es so eilig hatte: nach Einbruch der Dunkelheit möchten auch die Einheimischen nicht gerne auf den halsbrecherischen Urwaldpfaden unterwegs sein müssen.

Am nächsten Tag beginnt das „Gol". Auf einer Anhöhe nahe des Dorfs haben die Männer einen etwa 30 Meter hohen Holzturm errichtet, der allein von weich geklopften Rindenstreifen und Lianen zusam-

BUNGEE – EIN KRAFT

mengehalten wird. Aus dem leicht nach vorne geneigten Turm ragen in unterschiedlichen Höhen die Absprungplattformen heraus, von denen die Lianen herabhängen, die sich die Springer um die Knöchel wickeln. Die Technik ist so simpel wie genial: Stürzt sich der Springer in die Tiefe, strafft sich die Liane und die Knüppel, welche die waagerecht aus der Plattform herausragenden Pfähle verbinden, brechen schnell nacheinander durch. Diese Sollbruchstellen verlangsamen den Fall und nehmen einen großen Teil der Bewegungsenergie auf. Zudem hat das Gelände am Fuß des Turms, ähnlich wie der Sprunghügel einer Skisprungschanze, ein starkes Gefälle – sollte doch einmal eine Liane reißen, bohren sich die Springer nicht ungespitzt in den Boden, sondern schlagen in sehr spitzem Winkel auf und können sich in dem eigens aufgelockerten, weichen Erdreich abrollen. Dennoch gilt es eine Menge zu berechnen: Wie schwer ist der Springer, aus welcher Höhe springt er, wie lang muss die Liane sein, wie weit muss er sich vom Turm wegkatapultieren, um nicht beim Rückstoß mit ihm zu kollidieren? Für jede Plattform, für jeden Springer muss alles individuell berechnet werden, gestützt weniger auf Mathematik und Materialkunde als auf die Erfahrung von Generationen von Springern. Das ganze Ritual hat etwas Tollkühnes und doch in Jahrhunderten Ausgereiftes an sich.

Für die Bewohner von Bunlap ist jeder Sprungtag ein Fest. Wer sich nicht selbst hinabstürzt oder den Springern behilflich ist, trifft sich, prächtig geschmückt, in den Reihen der Tanzenden hinter dem Turm, strikt getrennt nach Männern und Frauen. Aus den Nachbardörfern sind Zuschauer gekommen, ich stehe mit ihnen zusammen etwas unterhalb des Turms. Der erste Springer tritt auf eine der untersten Plattformen, ein Junge, vielleicht acht Jahre alt. Sorgfältig bindet ein älterer Erwachsener ihm die Lianen um die Knöchel, dann tritt der Junge vor, hebt die Arme, konzentriert sich – und lässt sich einfach nach vorne fallen. Die Lianen an seinen Füßen straffen sich, die Hölzer unter der Plattform knicken wie geplant mit einem lauten Knacken ein und bremsen den freien Fall. Ein erleichtertes Raunen geht durch die Menge – ein guter, ein gelungener Sprung!

Es kann aber auch anders gehen. Zum Beispiel, wenn der Springer sich nicht mit dem Kopf voran fallen lässt, sondern mit den Füßen vor-

TUAL MIT TRADITION

Springer unter sich

an abspringt. Wenn sich dann die Lianen straffen, wird er ruckartig um 180 Grad nach vorne geworfen und schlägt womöglich mit dem Kopf in den Erdboden ein. Verletzungen an Kopf und Wirbelsäule, aber auch gebrochene Beine und malträtierte Sehnen und Muskeln gehören zu den Kollateralschäden des „Gol". Und wer aus Angst versucht, den Aufprall abzufangen, bricht sich Arme oder Schultern.

Warum tun sie das? Warum klettern an diesem Tag wie an so vielen Tagen seit Jahrhunderten die Männer von Pentecost auf den Turm? Es geht nicht darum, die Mädchen aus dem Nachbardorf zu beeindrucken. Der Springer will viel mehr. Er setzt seine körperliche Unversehrtheit aufs Spiel, um aus der Normalität auszubrechen. Er begibt sich auf einen schmalen Grat zwischen den Welten. Er kann in den Tod stürzen, oder er erfährt eine Art Wiederauferstehung, die ihn mit unendlich viel neuer Energie auflädt. Das Turmspringen ist ein Bekenntnis zur positiven Kraft der Unsicherheit. Es gibt nur eins, das die Springer ihrer Angst dort oben entgegensetzen können: den eigenen Willen, die Kraft zur Entscheidung. Durch die Entscheidung zum Sprung, die einem dort oben niemand abnehmen kann, wird die Welt zu ihrer Welt. Und das mit jedem Sprung aufs Neue.

Das Bungee-Springen bringt für mich diese Art Erfahrung auf den Punkt. Auch wenn man hierzulande mit den modernen Anlagen sicher nicht so viel riskiert wie die Südseeinsulaner, so wagt man doch auch einen Schritt in Grenzbereiche und wächst über sich hinaus. Im Grunde aber braucht man noch nicht einmal den physischen Bungee-Sprung. Denn eigentlich geht es hier nicht um den Nervenkitzel des freien Falls in Bodennähe, sondern darum, eine Lebenseinstellung zu erlernen: Springen oder nicht springen? Die Entscheidung kann nur aus uns selbst kommen, egal, wie hoch oder niedrig die Plattform ist, als wie sicher wir das Seil einschätzen. Die Angst vor dem Sprung darf aber den Schritt nach vorne nicht verhindern. Denn einmal überwunden, liefert er die Kraft und Energie für alles Kommende. Verwandeln Sie also die Angst in Lust und springen Sie – es lohnt sich! Denn Sie werden danach ein anderer sein. Immer wieder erzählen mir Menschen von der Erfahrung ihres ersten Bungee-Sprungs. Wenig wissen sie zu sagen über den Moment des Falls selbst; zu überwältigend ist das Erlebnis. Aber umso wortreicher berichten sie davon, auf welcher Euphorie-Welle sie noch Tage, Wochen danach durchs Leben gleiten. Es ist nicht der Stolz des Angebers, mit dem sie davon berichten, sondern der Stolz auf sich selbst, etwas bewerkstelligt und erreicht zu haben, das man sich nie zugetraut hätte. Das Selbstbewusstsein und das Vertrauen in die eigenen Fähigkeiten ist plötzlich ein anderes – weil man seine eigene Grenze aus eigener Kraft verschoben hat.

In der urwüchsigen Umgebung des Turmspringerdorfes von Pentecost habe ich erlebt, wie existenziell diese Erfahrung ist. Der schon erwähnte Ethnologe Claude Lévi-Strauss schreibt, dass derjenige, der alles wagt und dabei am Leben bleibt, über die Grenzen der sozialen Normen seiner Gemeinschaft hinaustritt. Er ist ein Ausgezeichneter, etwa wie ein Schamane, der über besondere Fähigkeiten verfügt. Von meiner Expedition ans andere Ende der Welt nehme ich aber auch die Erkenntnis mit, dass ich mich nicht unbedingt von einem wackeligen Holzturm stürzen muss, um diesen Schritt über die alltägliche Routine hinaus machen zu können. Ich selbst habe den Turm in Bunlap zwar auch bestiegen, bin aber nicht hinab-gesprungen. Dennoch habe ich verstanden, warum das Spek-takel der „Landtaucher" auch schon als „künstliche Geburt" gedeutet worden ist – der Mensch bringt sich Kraft seines Wil-lens noch einmal neu zur Welt. Die Turmspringer stellen sich selbst ins Zentrum ihres Lebens, im Ritual bemächtigen sie sich immer aufs Neue ihrer eigenen Existenz und machen sich zu Herren ihres Lebens. Diese Fähigkeit und die Bereitschaft, die eigene Unversehrtheit aufs Spiel zu setzen, um neue Stärke zu gewinnen, macht sie zu den stolzesten und selbstbewusstes-ten Männern, die ich je erlebt habe. Und diese Möglichkeit zur Neuerfindung bietet sich jedem von uns immer wieder, an spektakulären, aber auch an unspektakulären Orten. Nämlich immer dort, wo wir einen Schritt tun müssen, über dessen Fol-gen wir uns nicht vollständig im Klaren sein können, und den wir dennoch wagen. Auch wenn nicht jeder meiner eigenen Lebens-Schritte immer gleich in die richtige Richtung geführt hat – am Ende haben sie mich alle weitergebracht. Und jeder von ihnen hat mich mit dem Bewusstsein desjenigen erfüllt, der das Besondere unternommen und sein Leben beherzt in die eigenen Hände genommen hat.

Wie wir den richtigen Weg finden können

Auf meinem Weg vom Stuntman zum Unternehmer habe ich mehr Gefahrensituationen und halsbrecherische Aktionen überstanden, als ich hier aufzählen kann. Mit dem Kajak habe ich die reißendsten Flüsse der Welt befahren, Ich habe am Bungee-Seil Saltos geschlagen und bin von den höchsten Ba-sen gesprungen, die man auf der Welt finden kann: Den 200 m Staudamm im Valle Verzasca, der 220 m hohen Bluecrans River Bridge in Südafrika, etlichen Fernsehtürmen und schließlich 1000 m tief aus einem Helikopter. Ich bin mit Motorrädern und Autos in die Tiefe gesprungen. Habe in 60 m Tiefe das Wrack der „President Coolidge„ durchtaucht. Habe mit dem Motorrad die Sahara durchquert. Ich bin bei minus 40 Grad aus einem Ballon gesprungen und mit dem Gleitfallschirm auf einem vereisten Bergsee gelandet, habe tausend Minuten im

Freifall verbracht und bin mit dem Fallschirm mitten in einer Großstadt in ein Fernsehstudio hineingelandet. Bin über den „Vertical Catwalk" im Rahmen unserer Showproduktionen dutzende der höchsten Hochhausfassaden auf der ganzen Welt nach unten gelaufen und habe mich aus dem neu erfundenen „Airkick" schleudern lassen, einer Maschine, die von Luft- und Wasserdruck angetrieben, einen Menschen spektakulär auf eine parabolische Flugbahn ins Wasser befördert. Neugierde und Aufregung waren dabei immer mein Antrieb. Ängste waren allenfalls dazu da, überwunden zu werden.

Allerdings sollte man Warnsignale, die von innen und außen kommen können, nicht ausblenden. Man muss sie einordnen. Im alten Japan galt es unter den Samurai als weise, Entscheidungen binnen sieben Atemzügen zu treffen. So sollte vermieden werden, dass rein rationales Denken die Oberhand über die akkumulierte Weisheit des Sonnengeflechts gewinnt, des Solarplexus, dieses autonomen Nervengeflechts in unserer Körpermitte, zwischen Brustkorb und Magengrube. Dieses sprichwörtliche „Bauchgefühl" ist ein sehr verlässliches Instrument, um die richtigen Entscheidungen zu treffen. In unserer durchrationalisierten Gegenwart hat es nicht den besten Ruf, da verlässt man sich lieber auf die Kraft des Verstandes, auf die analytische Vernunft. Hier hat der vor Jahrhunderten begonnene Prozess der Aufklärung ganze Arbeit geleistet – Kants Forderung „sapere aude", wage zu wissen, hat dem Kopf und Verstand die Entscheidungshoheit über die Gefühle verschafft. Ich empfinde das nicht unbedingt als Fortschritt, der Verlust des intuitiven Wissens hat seinen Preis. Auch ich versuche, neue Situationen zunächst zu rationalisieren. Aber dabei verliere ich nie viel Zeit. Dann entscheide ich schnell und entschlossen – mit Bauch und Verstand.

Wie damals, 1997. Mein Unternehmen befindet sich auf einem ersten Höhepunkt: Über 40 verschiedene Geräte, Event-Module, zumeist Spezialanfertigungen, und viele schräge Ideen haben wir im Angebot; rund 50 Mitarbeiter sind im Büro und bei den Aktionen vor Ort pausenlos im Einsatz. Es ist eine

Zeit, in der alles gelingt. Und einmal noch soll ich selbst in alter Sensationsdarsteller-Manier abheben. Für die internationale Werbekampagne von Fisherman's Friend soll ich einen Sprung vollbringen wie keinen zuvor: aus einem Hubschrauber in 2500 Metern Höhe. An einem 400 Meter langen Bungee-Seil. 1000 Meter tief. Weltrekord. Der Werbeslogan und mein Auftritt passen eigentlich perfekt zueinander: „Have a strong experience."

Aber ist das nicht eine Nummer zu stark? Ein über 400 Meter langes Gummiband, über eine Tonne schwer. Wenn damit etwas außer Kontrolle gerät, wird es um meinen Dickschädel endgültig geschehen sein. „Lass es sein, das ist zu gefährlich!", sagen mir meine Freunde, Kollegen und ein befreundeter Mathematikprofessor. Er rechnet aus, dass allein die durch das Eigengewicht des Gummiseils ausgelöste Hängedehnung 600 Meter lang sein wird – und damit ergo auch mein Freifall. Länger als 1000 Meter wird sich das Seil aber nicht dehnen, bei 1000 Metern beginnt der Bruchdehnungsbereich, erste Fadenbündel werden abreißen. Doch die Aufgabe reizt mich, und die Gage beträgt stolze 150.000 Mark. Kurzum: Ich sage zu.

Wäre das 1977 und ich 20 Jahre alt gewesen, dann hätte der Satz gut gepasst: „Ich war jung und brauchte das Geld." Ich bin aber weder jung, noch brauche ich wirklich das Geld.

Drei Wochen dauern die Vorbereitungen. Am Tag vor dem Sprung, der mich zum Weltrekordhalter macht oder umbringt, will ich ganz für mich sein und fahre von Frankfurt aus, wo wir starten wollen, in den Odenwald. Ich miete mir in einer kleinen Pension ein Zimmer, mache noch einen Spaziergang durch den lauen Sommerabend und gehe früh ins Bett – der morgige Tag erfordert volle Konzentration. Doch nachts um zwei wache ich auf. Ich habe keine Angst vor dem Sprung, ich habe nichts dem Zufall überlassen und wie immer alles so exakt als möglich geplant, gedacht, geprobt. Aber einschlafen kann ich nicht mehr in jener Nacht. Um vier Uhr stehe ich auf und schnüre ziellos durch den kleinen Ort Reichelsheim. Plötzlich stehe ich auf dem Friedhof. Da bin ich ja genau richtig!, denke ich ironisch. Ich will weitergehen, aber irgendetwas zieht mich hinein. Bei einigen Gräbern bleibe ich stehen und entziffere im ersten Morgenlicht die Inschriften der Grabsteine. Was wohl auf meiner letzten Ruhestätte einmal stehen soll?, frage ich mich – nicht unbedingt die richtigen Gedanken vor einer solchen Aktion, wie ich sie plane.

Noch hänge ich zwischen den Gräbern meinen düsteren Gedanken nach, als plötzlich mein Handy klingelt. Es ist inzwischen sieben Uhr geworden, vielleicht will noch jemand vom Team letzte Details mit mir besprechen. Aber es ist mein Sohn Max, acht Jahre alt. Er weiß, was ich vorhabe, wir haben ganz offen darüber gesprochen. Jetzt sagt er: „Papa, ich will nicht, dass du diesen Sprung machst."

Und plötzlich durchfährt mich eine entsetzliche Einsicht: Würde ich heute sterben, müssten meine Söhne Max und Tino das gleiche Schicksal erdulden wie ich – vaterlos aufzuwachsen. Ich bekomme eine Gänsehaut: Das war es doch, was ich um jeden Preis vermeiden wollte! So klar wie nie durchfährt es mich, dass es in meinem Leben schon lange nicht mehr nur um mich geht, gehen darf. Sondern dass ich Verantwortung habe für meine Söhne. Wenn mir jetzt etwas passieren würde, wäre es nicht einfach nur ein tragischer Unfall. Ich hätte mich vielmehr aus meiner Verantwortung gestohlen, weil ich diesen Sprung, einen wahrhaftigen Höhepunkt meiner Karriere, unbedingt auskosten will.

Aber was soll ich tun? Ich habe einen bindenden Vertrag, seit drei Monaten läuft die Vorbereitungsmaschinerie auf Hochtouren, das Team ist seit einer Woche vor Ort, die Journalisten sind auf der Anreise. Aus der Nummer komme ich nicht mehr raus. „Weißt du was, Max?", sage ich mit belegter Stimme ins Telefon. „Ich kann jetzt nicht mehr zurück. Aber ich verspreche dir: Es wird mein letzter Job als Stuntman sein. Heute Abend bin ich bei dir und bringe dich ins Bett."

Konzentration vor dem Weltrekordsprung 1997: Neben mir aufgewickelt: das 400 Meter lange Bungeeseil

Ich lege auf. Hin- und hergerissen zwischen der Angst meines Sohnes und der Verpflichtung, die ich eingegangen bin, fühle ich mich zum Zerreißen gespannt. Es ist, als spülte diese Situation eine Erkenntnis nach oben, die schon länger in einem Winkel meines Bewusstseins geschlummert haben muss: Noch höher zu springen bedeutet nicht automatisch auch noch mehr Glück. Außenstehenden mag das wie eine verdammt naheliegende, selbstverständliche Einsicht vorkommen. Aber in meinem bewegten Leben ist die Gier nach dem nächsten Kick, nach der nächst höheren Stufe eines emotionalen Ausnahmezustands bis dahin eine treibende Kraft gewesen. Ich bin in Südafrika als erster Mensch in eine 200 Meter tiefe Schlucht gesprungen. Für „Wetten, dass …?" habe ich mich durch eine geschlossene Wolkendecke fallenlassen und mitten über Hannover meinen Fallschirm geöffnet, ein totaler Blindflug für die große Show. Und nun der Weltrekord, über den ich mich freue. Bei all dem ging es mir weniger um die Anerkennung anderer. Ich wollte einfach einer Herausforderung meine eigene Leistung entgegenstellen können. Jetzt aber hat mir mein achtjähriger Sohn die Augen, das Herz geöffnet, und ich fasse einen Entschluss: Dies wird mein letzter Extremsprung sein. Der finale Stunt. Es ist genug.

Kurz nach Mittag geht es endlich los. Wir heben ab und steigen auf. In meinem Sprung-Overall stecken zwei geeichte Flugschreiber, um den Weltrekord für das „Guinness-Buch der Rekorde" auch belegen zu können. Ich stehe in der offenen Tür der Dauphin. Je höher wir kommen, desto mehr bekommt die Luft diesen eigenartigen, ozonigen Geschmack, der mir so vertraut ist. Als wir durch die nur noch hauchdünne Wolkendecke ins offene Blau des Himmels vorstoßen, fühle ich mich zu Hause. Alles wird gut.

Ich bin völlig ruhig. Keine Gedanken. „Ready - set - go!" brüllt endlich mein Freifall-Kameramann in den tosenden Wind der Rotorblätter. Er wird mit mir zusammen abspringen; ich pendle dazu mit dem Oberkörper einmal nach draußen und wieder zurück in den Hubschrauber, um schließlich zu springen.

Ich falle, ruhig auf dem Rücken liegend, ohne jede Bewegung. Das Hubschraubergeschwader über mir wird rasend schnell kleiner, das Seil über mir lang und länger. Ob alles wie geplant funktioniert, kann ich nicht sehen, nur fühlen – wenn das Seil sich endlich strafft und nach insgesamt 67 Sekunden den unteren Umkehrpunkt erreicht. Jetzt! Ein Zittern geht durch die Schaumstoffwurst in meinen Armen, das Polster, das zum Schutz vor Ausschlägen des harten Gummiseils um das Seil montiert wurde und das ich jetzt fest umklammere. 600 Meter geht es wieder hinauf, möglichst nah ran an einen der Begleit-Hubschrauber, in dem Kalli Burg, ein weiterer erfahrener Freifallkameramann wartet, um mich rechtzeitig abspringend zu begleiten, während ich mittels eines Schnell-Trenn-Schlosses an meinem Gurtzeug meine Verbindung zum Bungee-Seil trenne und danach zunächst frei der Erde entgegenfalle. Kurz vor dem Ende meiner berechneten Flugbahn zünde ich eine Rauchpatrone, auch auf diesem Teil meiner Reise soll ich ja gesehen werden. Dann will mich die Erde zurück, es geht ab-

Der Weltrekord: Mit einer
Rauchpatrone am Fuß und
begleitet von einem Freifall-
Kameramann springe ich
aus dem Hubschrauber, an
dem in langen Schlaufen
das Bungee-Seil hängt

wärts, immer noch in leichter Rückenlage. Schnell drehe ich mich auf den Bauch, in die gewohnte Fallposition, der Rest ist Routine. Ich beobachte den Höhenmesser an meinem Handgelenk, bei 800 Metern öffne ich meinen großen weißen Schirm. Darauf steht in roter Schrift: „Have a strong experience".

Und damit endet mein Leben als Stuntman und Sensationsdarsteller. So, wie ich bin, im Sprunganzug, steige ich in mein Auto und fahre nonstop bis München. Nach Hause zu meinen Söhnen. Und halte mein Wort.

> Ängste gehören zum Leben. Sie stecken in uns, können wachsen und schrumpfen. Manchmal behindern sie uns dabei, unsere Träume, Wünsche und Hoffnungen in die Tat umzusetzen. Manchmal schützen sie uns aber auch vor uns selbst oder gefährlichen Situationen. Mit welcher Art von Angst wir es zu tun haben, das weiß am besten unser Bauch, die konzentrierte Mitte. In uns selbst liegt die Antwort, ob es jetzt gerade der richtige Zeitpunkt ist, den einen entscheidenden Schritt zu wagen, oder ob wir uns besser umdrehen sollten, um zu gehen. Was wir lernen müssen, ist auf unsere innere Stimme zu hören und uns selbst das Vertrauen zu schenken, den richtigen Weg zu wählen. In Schwierigkeiten geraten bin ich eigentlich immer nur dann, wenn ich verkopft, rein rational, aufgrund von Messungen und Analysen entschieden habe. Solche Entscheidungen haben mich oft in die falsche Richtung gewiesen.

> Ein resilienter Umgang mit den eigenen Ängsten bedeutet, sie zu verstehen und zu akzeptieren. Ganz automatisch wächst dann auch die Widerstandskraft und innere Stärke, um mit ihnen umgehen zu können. Nach und nach entwickelt sich eine Art seelisches Immunsystem, ein Schutzschild, an dem Niederlagen und Schicksalsschläge abprallen.

Fliegen

Unwiederholbar – ein perfekter Augenblick

AUGENBLICK

Einen weiteren ultimativen Glücksmoment erlebe ich bereits relativ am Anfang meiner Bungee-Karriere. Nur ein paar Wochen nachdem ich meine erste stationäre Sprunganlage in Oberschleißheim eröffnet habe, schwebe ich 3500 Meter über St. Moritz. Es ist minus 25 Grad kalt, ich stehe mit ausgebreiteten Armen auf dem Rand des Korbs eines Heißluftballons, mit dem Rücken zum Abgrund. In wenigen Augenblicken werde ich mich fallen lassen und etwas erleben, was mich in eine neue, bis dahin nicht gekannte Dimension der Wahrnehmung führt.

Wieder ist es eine Idee von Willy Bogner, die mich – wie bei meinem ersten Sprung von der Staumauer – über normale menschliche Grenzen hinaustreibt. Diesmal soll ich für seinen Film „White Magic" aus einem Ballon springen und 400 Meter tief fallen. Und dann, wenn mich das Bungee-Seil zurückkatapultiert hat, soll ich mich am oberen Scheitelpunkt abtrennen, rund drei Kilometer frei in die Tiefe stürzen, kurz vor der Erde meinen Fallschirm öffnen und landen. Klingt verrückt – und ist es auch.

Deshalb habe ich mich besonders akribisch vorbereitet. Das Seil ist, sorgfältig gewickelt, außen am Korb befestigt. Es wiegt 150 Kilogramm – fiele es wie bei einem normalen Sprung gleichzeitig mit mir in die Tiefe, würde es schneller fallen als ich und könnte mich erschlagen. Für den anschließenden freien Fall habe ich einen sogenannten Ditter im Ohr, einen kleinen Höhenmesser, der piepen wird, wenn ich mich im Freifall 300 Meter über dem Talgrund befinde. Zu diesem Zeitpunkt werde ich mit etwa 200 km/h auf die Erde zufallen, pro Sekunde 50 Meter – wenn der Ditter erklingt, bleiben mir noch exakt sechs Sekunden bis zum Einschlag.

„Und Action!" ruft Willy, als es endlich ernst wird. Rückwärts falle ich in eine Art Vakuum, in eine absolute Stille. Unter mir die verschneite, gleißend weiße Winterlandschaft. Erst nach sechs, sieben Sekunden spüre ich langsam die Luft und ihren Widerstand. Nach weiteren fünf Sekunden habe ich meine Höchstgeschwindigkeit erreicht, Luftwiderstand und Erdanziehungskraft heben einander nun auf. Dann merke ich, wie sich das Gummiseil an meinem Hüftgurt spannt, dehnt, meinen Fall sanft abbremst. Schließlich: Stillstand im unteren Umkehrpunkt.

Keine Bewegung, kein Fallen mehr, kein Geräusch – bis sich das Seil zusammenzieht und mich in den Himmel zurückschleudert, aus dem ich gerade gefallen bin. Nach oben zieht es mich retour Richtung Ballon. Ich sehe in die Gesichter der Menschen im Korb, die zu mir herunterschauen, über mir kringelt sich das Seil gegen den blauen Himmel wie eine Nabelschnur, die mich mit ihnen verbindet. Mein Aufwärtsflug wird langsamer, dann wieder: Stillstand. Ein Moment totaler Schwerelosigkeit. Ich greife nach dem Schnelltrennschloss an meiner Hüfte und trenne mich ab vom Seil. Völlig frei, schwerelos, allein, stehe, nein schwebe ich aufrecht in diesem endlosen blauen Himmel. In mir und um mich herum: vollkommene Ruhe. Kein Atmen. Nur Stille. Ich habe jede Verbindung gekappt – physisch zu dem Ballon und den Menschen dort oben, tatsächlich aber zu meiner bisherigen Form der Existenz. Es ist der intensivste Moment meines bisherigen Lebens.

Ich möchte, dass dieser Zustand niemals endet. In meinem Kopf, in meiner Wahrnehmung währt er ewig. Jetzt habe ich mich gedreht, liege im unendlichen Blau auf dem Rücken, noch immer schwerelos. Meine Helfer im Korb schauen zu mir herunter. Aber ich gehöre nicht mehr zu ihnen. Ich bin außen vor, die Verbindung ist gekappt. In dieser einen Sekunde, bevor der Fall endgültig beginnt, erfährt man eine unglaubliche Präsenz. Ich denke an nichts, ich weiß nicht mal mehr meinen Namen. Ich bin einfach nur Teil des Ganzen, des Himmels, des Universums. Dieser Moment ist mehr als Glück. Er ist vollkommen. Ich erlebe mich vielleicht zum ersten Mal in meinem Leben als vollständig. Ein wahrhaft perfekter Augenblick.

AUGENBLICK

Der große Renaissance-Künstler Leonardo da Vinci, der auch den ersten Flugapparat für Menschen entwarf, hat einmal notiert: „Wenn du das Fliegen einmal erlebt hast, wirst du für immer auf Erden wandeln, mit deinen Augen himmelwärts gerichtet. Denn dort bist du gewesen, und dort wird es dich immer wieder hinziehen." Diese Sätze entsprechen sehr meinem Lebensgefühl; ich habe sie auf eine Leinwand drucken lassen und in meinem Büro aufgehängt. Es geht dabei nicht nur um das konkrete Fluggefühl, sondern um die Sehnsucht nach einer anderen Dimension und um den Willen, sie zu erreichen. Leonardo selbst hat vielleicht wie kein Mensch vor ihm diesen Wunsch nach Grenzüberschreitung und den Willen, ihn auch zu bewerkstelligen, verkörpert und gelebt. Er wollte sich nicht abfinden mit den Grenzen, die der menschlichen Existenz scheinbar gesetzt sind. Seine Fluggeräte sagen der Schwerkraft den Kampf an; er entwarf Brücken und sogar ein U-Boot, um in Regionen vorzustoßen, die dem Menschen eigentlich verschlossen sind. Damit wurde er nicht nur zu einem der Gründungsväter der Moderne. Ich finde, er steht noch heute beispielhaft dafür, dass jeder Einzelne mit Mut und Willenskraft in Sphären vorstoßen kann, die zunächst absolut unerreichbar erscheinen.

Nach meinem Flug aus dem Ballon bin ich kein zweites Mal in eine vergleichbare Situation gekommen. Es gibt verschiedene perfekte Augenblicke, aber wiederholbar ist keiner von ihnen. Was ihnen gemeinsam ist, ist der Moment der Gegenwärtigkeit und des Vollkommen-bei-sich-Seins. Er generiert eine Dankbarkeit dem Leben gegenüber, diesem Geschenk, das uns allen so unverhofft gegeben ist und das wir weitgehend gestalten können, wie wir wollen, wenn wir nur bereit sind, Grenzen immer wieder in Frage zu stellen.

Leonardo da Vinci war seiner Zeit weit voraus und davon überzeugt, dass der Mensch fliegen kann. Er konnte die Faszination des Fliegens erspüren und schildern, ohne jemals selbst geflogen zu sein.

Zu seiner Zeit war man überzeugt, dass der Mensch dafür gemacht ist, aufrecht über die Erde zu gehen. Indem der Mensch fliegt, durchbricht er aber die für ihn vermeintlich vorherbestimmte Daseinsebene und begibt sich in eine Welt, in der er eigentlich nicht sein dürfte.

Aber in der Unsicherheit des Unbekannten wartet der perfekte Moment, dort lernen wir zu fliegen.

Wovon Leonardo da Vinci träumte, ist heute selbstverständliche Wirklichkeit geworden.

Dabei war Leonardo, nach allem, was wir über ihn wissen, kein Ketzer, der sich bewusst gegen die zu seinen Lebzeiten dominierenden Welterklärungsmodelle der katholischen Kirche auflehnte. Viele seiner Werke zeigen religiöse Motive, oft genug waren kirchliche Institutionen seine Auftraggeber. Er stellte auch nicht die göttliche Ordnung (oder das, was der Klerus, Gottes selbst ernannte Bodentruppe, dazu erklärte) infrage und wollte kein Umstürzer, gar gesellschaftlicher Revolutionär sein. Aber in seinem Erkenntnisstreben wollte er sich auch von niemandem aufhalten oder gar Vorschriften machen lassen. Er beharrte darauf, selbst wissen zu wollen und begnügte sich nicht mit von oben verordnetem Wissen. Nur so, mit dieser furchtlosen Bekenntnis zur eigenen Individualität konnte er über die Grenzen des Bekannten hinausgelangen.

Leonardo lebte in einer Umbruchszeit voller Unsicherheit, ließ sich aber davon nicht einschüchtern, im Gegenteil – er blickte sich nicht furchtsam um, sondern schaute entschlossen und voller Neugier nach vorn. Seine Methode, den Dingen systematisch auf den Grund zu gehen, dabei aber ein übergeordnetes Ziel nicht aus den Augen zu verlieren, ist noch heute bei der Lösung von Problemen der unterschiedlichsten Art vorbildlich. Leonardo zeigt, wie man in einer Welt, die sich immer rascher wandelt und in der vermeintliche Autoritäten immer schneller entzaubert werden, seinen Weg gehen und sich selbst treu bleiben kann.

Was kann man aus dem Leben eines solchen Universalgenies für sich selbst lernen? Dass man nicht weit kommt, wenn man immer nur stoisch und bedingungslos den allgemein gültigen Regeln und Gesetzen folgt. Das bedeutet umgekehrt freilich nicht, dass aus jedem Regelbruch automatisch etwas Gutes, Zukunftsweisendes entsteht. Aber ich möchte Sie dazu ermutigen, Regeln, Vorschriften, das, was „man tun soll", vor dem Hintergrund Ihrer eigenen Lebenserfahrung und der daraus in Ihnen gebildeten Ethik stets kritisch infrage zu stellen. Ich glaube, auch darin von Rudolf Steiners „Philosophie der Freiheit" geprägt, dass es so etwas wie eine „ethische Intuition" gibt, der ich folge und die mich lehrt, das Richtige zu tun. Steiner war davon überzeugt, dass derjenige, der nur äußeren Gesetzen und Anstandsregeln folgt, nicht mehr sei als ein „höherer Automat". Daraus folgt für ihn die Maxime des wahrhaft „freien Menschen": „Nicht wie alle Menschen handeln würden, kann für mich maßgebend sein, sondern was für mich in dem individuellen Falle zu tun ist."

So eine Lebenshaltung erfordert Mut und Kraft. Ich habe das von klein auf selbst mitunter schmerzhaft erfahren müssen. Lange, bevor ich etwas von Rudolf Steiner und seiner Philosophie im Detail wusste, habe ich als rebellischer Jugendlicher grundsätzlich jede Regel, der ich in meinem Leben begegnete, infrage gestellt. Nicht, weil ich prinzipiell gegen etwas sein wollte, sondern weil ich erst einmal den Sinn hinter der Regel vollständig begreifen wollte. Sobald sich mir die Sinnhaftigkeit einer Vorschrift erschloss, war ich auch bereit, sie zu akzeptieren. Allerdings gingen die Ansichten darüber, was sinnvoll sei, zwischen mir und den Autoritäten bisweilen gehörig auseinander – mit dem Ergebnis, dass ich von mehreren Schulen flog. Einmal wurde ich nur deshalb der Lehranstalt verwiesen, weil ich spontan zurückschlug, als mich der Konrektor vor der versammelten Klasse mit einem Lineal geschlagen hatte. Heute wäre zum Glück wohl beides undenkbar – dass der Lehrer einen Schüler schlägt, aber auch, dass ich beim Gefühl einer ungerechten Behandlung sofort zurückschlage. Ich bin heute bereit und in der Lage, ein gewisses Mass subjektiv empfundener Ungerechtigkeit zu akzeptieren – also nicht zu reagieren – wenn sie nicht meinen übergeordneten Zielen entgegensteht. Geblieben ist mir der natürliche Impuls, nichts einfach als gegeben hinzunehmen. Erst will ich den Dingen auf den Grund gehen, sie wie ein Leonardo ohne Scheuklappen sezieren, und wenn ich glaube sie begriffen zu haben, ziehe ich daraus meine Schlüsse und handle danach. All meinen Erfolg verdanke ich diesem permanenten Gefühl, mich nicht einfach abfinden zu wollen mit dem, was mir im Leben begegnet. Alles befrage ich daraufhin, ob es mir einleuchtet, seien es Vorgänge in meiner Firma oder scheinbar allgemein gültige Regeln, mit denen man tagtäglich zu tun hat. Dieser letztlich unaufhörliche Prüfprozess mag Ihnen anstrengend vorkommen. Das ist es auch. Aber ich versichere Ihnen, dass nichts größere Zufriedenheit und Freude bereitet, als etwas zu tun, weil Sie selbst es wollen. Lassen Sie Ihren Weg nicht bestimmen von Vorschriften und Ereignissen, die Ihnen rätselhaft bleiben. Bestimmen Sie selbst, wer Sie sind und wohin Sie gehen wollen. Nur dann werden Sie wirklich weit kommen.

FALLEN

DAS LEBEN SPIELT NICHT IMMER FAIR

*Der Wille ist vielleicht
die einzige wirkliche und
entscheidende Freiheit, die wir
uns im Leben geben können.
Ich kann mich nicht einem
vermeintlich vorgegebenen
Schicksal überlassen und
tatenlos zusehen, wie sich
mein Leben entfaltet.
Als freier Mensch muss ich
meine Ziele und Träume
selbst verwirklichen.*

MARKUS LUEPERTZ

Wenn die Welt
aus den Fugen gerät

Und nichts ist mehr, wie es war

Und dann kam der Moment, der mein Leben zerrissen und in zwei Teile geteilt hat. In ein Davor und ein Danach. Eine Zäsur, so schwer, dass sie mich für immer verändert hat. Diese Veränderung hält bis heute an und wird mich bis zu meinem letzten Tag begleiten.

Es ist der 20. Juli 2003, Wochenende, Hochsommer in München. Meine Firma brummt, die Geschäfte laufen bestens, ständig gibt es etwas zu bereden, zu entscheiden. Ein guter Stress, resultierend aus Erfolg.

Ich komme gerade von einer Mountainbiketour und will am Flaucher, einem beliebten Isar-Abschnitt, noch kurz in den Fluss springen und den wunderbaren Abend danach im Biergarten ausklingen lassen, als mein Handy plötzlich gar nicht mehr aufhört zu klingeln. Kaum ist der Anruf umgeleitet, versucht es jemand erneut. Wieder und wieder.

Leicht genervt, aber auch besorgt halte ich an, steige vom Rad, krame im Rucksack nach dem Störenfried. Michi Kiesl ist dran, Geschäftsführer meiner Firma und einer meiner besten

Freunde. Seine Stimme klingt seltsam dumpf. Er sagt einen Satz, der mein ganzes bisheriges Leben zum Einsturz bringt: „Jochen, wir haben einen Toten in Dortmund."

Ich stehe da mit dem Handy ans Ohr gepresst, in meinen schlammverkrusteten Klamotten, mitten unter den fröhlichen, badenden Menschen. Fassungslos versuche ich zu begreifen. Wie konnte das passieren?

Bis zu diesem Tag hatte ich alles im Griff. Meine Firma hat sich mittlerweile als eine der kreativsten Eventagenturen Deutschlands etabliert. Egal, ob House Running, Bungee oder Modenschauen in den vertikalen Fassaden von Wolkenkratzern internationaler Metropolen -- bei Jochen Schweizer gibt es die aufregendsten Ideen und ihre Umsetzung gleich mit. Mein Erfolgsrezept ist es, drei Dinge zusammenzubringen: moderne Technologie, perfekte Organisation und das Ursprünglichste, was wir haben – den menschlichen Körper. Menschen tun Dinge, die zunächst unmöglich erscheinen. Sie scheinen die Schwerkraft zu überwinden oder lassen anderes, was als „normal" gilt, einfach hinter sich. Die spektakulären Aktionen zeigen Wirkung, wir gewinnen den begehrten EVA Award für die kreativste Event-Werbeidee und viele andere Preise. Verdienter Lohn für die engagierte Arbeit.

Auch das Geschäft mit den Sprunganlagen läuft erfolgreich weiter, wir bauen es laufend aus. Am 16. September 1995 eröffne ich mitten in Hamburg meine erste Sprunganlage an einem Fernsehturm. Gleich im ersten Jahr wird dieses neue Abenteuer für alle Beteiligten ein Erfolg: 20 Prozent mehr Menschen als zuvor wollen nun zur Aussichtsplattform hinauf, zum Springen oder nur zum Staunen.

Wenn Hamburg funktioniert, warum es dann nicht auch woanders versuchen, denke ich mir. Einen Fernsehturm gibt es in jeder größeren Stadt, und alle kosten die Besitzer viel Geld. Doch so gut unsere Geschäftszahlen auch sind – nicht jeder lässt sich davon überzeugen. In Stuttgart hält die Kirche die hochfliegenden Pläne für Hoffart und Gotteslästerung, und den Kampf mit höheren Mächten wollen wir nicht riskieren. Aus dem erzkatholischen Wien dagegen, wo am Donauturm eine Rampe in 152 Metern Höhe installiert werden könnte, erhalten wir positive Signale – ausgerechnet dank der Schützenhilfe von Seiten der Kirche. Toni Faber, der Dompfarrer vom Stephansdom, ist ein moderner Geistlicher – und als Ex-Skilehrer kennt er sich mit weltlichen Verlockungen aus. Zugleich ist er ein überzeugter Katholik, der unserem Turmvorhaben durchaus einen geistlich-symbolischen Sinn abgewinnen kann. Mit seiner Hilfe erhalte ich die Genehmigung für die Sprunganlage in den Donauauen; Toni ist einer der ersten, der sich hinabstürzt – in vollem Priesteroutfit, mit wehendem Talar.

Und dann kommt Dortmund. Unserem dritten Turmprojekt steht zunächst kein geistlicher Widerstand, sondern das Urheberrecht im Weg. Die Stadt erkennt schnell das enorme Potenzial, das für den Westfalenpark und die ganze Umgebung in einer Installation der Bungee-Anlage an den Florianturm liegen würde und lässt sich bereitwillig auf Verhandlungen ein. Allerdings brauchen wir für unsere Rampe, die diesmal fast zwölf Meter lang sein muss, die Erlaubnis des Architekten, schließlich wird unsere Anlage wegen ihrer Dimensionen das Gesamtbild des Bauwerks nachhaltig verändern. Doch Willi Schwarz, der den Turm für die Bundesgartenschau 1959 entworfen hat, ist schon zehn Jahre tot; ich muss seine Witwe als Erbin der Urheberrechte für meinen Plan gewinnen. Zum Glück ist Lieselotte Schwarz eine rüstige, geistig überaus rege 80-Jährige, die von mir ganz genau wissen will, warum ich das überhaupt alles mache. Und so erkläre ich ihr bei einer Tasse Tee, dass ich meine Leidenschaft zum Beruf gemacht habe und nun anderen Menschen die Möglichkeit geben möchte, ebenfalls das zu erleben, was mein Leben so bereichert und erweitert hat. Und dass ich damit meinen Lebensunterhalt verdienen möchte, verschweige ich auch nicht.

Nach einem lebhaften Gespräch gibt sie mir schließlich die Erlaubnis, das Werk ihres Mannes um einen neuen Zweck zu erweitern. Und weil das Geldverdienen mit dem Springen aufgrund der enormen Baukosten dieser riesigen Rampe in 156 Metern Höhe alleine gar nicht so einfach ist, will ich gleich noch eine neue Idee realisieren: Der Turm soll zur größten Litfaßsäule der Welt werden. Welche Aufmerksamkeit eine solche Sprunganlage generiert, wissen wir inzwischen durch die Resonanz in Wien und Hamburg. Der Dortmunder Turm ist noch exponierter, steht er doch mitten im Ruhrgebiet an einer der am stärksten befahrenen Straßen der ganzen Republik, kurzum: ein Hingucker. Ihm wollen wir eine Art „Strumpf" überziehen, 3500 Quadratmeter groß, aus feuer- und sturmfestem Kunststoff. Darauf soll in riesigen Lettern eine Modemarke zwei Jahre lang für sich werben. Nur so ist die aufwändig und teuer konstruierte Sprunganlage überhaupt zu finanzieren. Das Genehmigungsverfahren für Rampe und Turmverkleidung ist kompliziert und zieht sich in die Länge; um alle Vorarbeiten auf den Weg bringen zu können, nehme ich erhebliche Aufwendungen in Kauf, ich gehe in finanzielle Vorleistung und damit ins Risiko. Schließlich gelingt es auch in diesem Fall, mit Hartnäckigkeit etwas in die Tat umzusetzen, das zunächst unmöglich schien.

Nichts, rein gar nichts an der Vorgeschichte zu diesem Sprungturm hat auf das tragische Unglück hingedeutet. Kein Bauchgefühl, kein Omen, keine Warnung des Schicksals. Keiner konnte ahnen, was passieren würde. Die Planung und Umsetzung liefen mit der gleichen Sorgfalt und den gleichen Sicherheitsvorkehrungen ab wie an allen anderen mehr als 40 Standorten. So überraschend uns manchmal ein glücklicher Zufall ereilt, so unvermeidbar und urplötzlich ereilt uns auch das Unglück.

Was am Ende bleibt: Ich selbst

Im Mai 2003 beginnt auch in Dortmund der Sprungbetrieb; schon in den ersten Wochen nutzen Hunderte Wagemutige die neue Attraktion. Alles sieht danach aus, als würden sich die Erfolgsgeschichten von Hamburg und Wien wiederholen.

Doch dann dieser eine Satz: „Jochen, wir haben einen Toten in Dortmund."

Ein Komplettabriss. Das Seil, wie alle, die wir verwenden, immer wieder getestet und auf 1,2 Tonnen Bruchlast geprüft, freigegeben für 200 Sprünge, ist beim 108. Einsatz einfach abgerissen, 36 Meter über dem Boden. Der 31 Jahre alte Springer schlug auf und war sofort tot.

„Das kann nicht sein!", rufe ich in meiner Verzweiflung ins Handy, „das Seil kann nicht reißen!" Ist es aber, höre ich Michi leise am anderen Ende der Leitung.

Dann muss es ein Materialfehler gewesen sein – dieser Gedanke kristallisiert sich in meinem Kopf heraus. Sofort lasse ich alle unsere Anlagen schließen. Kein weiterer Sprung, nirgends. Auch wenn ich noch nicht verstehen kann, wie es zu der Katastrophe kommen konnte – eins ist mir sofort klar: Wir müssen ihr mit totaler Transparenz begegnen.

Noch am selben Tag informieren wir rund 800 Redaktionen und organisieren eine Pressekonferenz am nächsten Tag. Ich selbst bin bereits am frühen Montagmorgen dort, schaue mir bei der Polizei Unfallfotos und das Video an, untersuche das Ende des abgerissenen Bungee-Seilkopfes. Bei allen Sicherheitstests, die wir je gemacht haben – an dieser Stelle ist noch nie etwas kaputtgegangen. Wie konnte das passieren?

Diese Frage wird mir auch auf der Pressekonferenz gestellt. Wieder und wieder, bohrend, aggressiv. Eine befriedigende Antwort kann ich nicht geben, bis heute nicht, da alle Untersuchungen eine eindeutige Unfallursache nicht haben zutage fördern können. Deswegen tauschen wir später konsequent alle Systeme gegen ein neu konstruiertes, redundantes System aus, bei dem ein zweites, eingearbeitetes Seil zusätzliche Sicherheit generiert. Am Tag eins nach Dortmund teste ich in unserem Münchener Technikraum alle Arten von Seilen, baugleiche, aber auch andere von den Türmen in Hamburg und Wien, sogar ein uraltes, das nur noch zu Dekorationszwecken im Büro hängt – kein einziges reißt unterhalb der Normlast. Jede Information, die ich nur auftreiben kann, liefere ich an die Staatsanwaltschaft Dortmund, die mich als den Gesamtverantwortlichen derweil der fahrlässigen Tötung beschuldigt.

Am schlimmsten treffen mich die Vorwürfe aus dem Umfeld der Familie des Verunglückten. Wiegt doch ihr Schmerz und ihr Verlust so viel schwerer als der meine. Seit dem fatalen Handy-Anruf denke ich darüber nach, was ich den Eltern des Verunglückten, seinen Angehörigen sagen kann. Gibt es dafür überhaupt die richtigen Worte? Immer wieder beginne ich Briefe, bis ich schließlich klar genug sehe, um wenigstens einen zu Ende zu bringen. Im Zentrum steht ein Satz, der sofort nach dem Unglück in aller Klarheit in mein aufgewühltes Gehirn gedrungen ist und der mir in all den Jahren seither geholfen hat, die schreckliche Last der Verantwortung für diesen Tod zu tragen: Mein Vertrauen in diese wie in alle meine Anlagen war so groß, dass ich ohne Bedenken meine eigenen Söhne hätte springen lassen – an diesem Tag, mit diesem Seil. Ich wünschte, ich selbst hätte diesen 108. Sprung am 20. Juli 2003 vom Florianturm in Dortmund persönlich gemacht.

Ein paar Tage später telefoniere ich mit dem Vater des Toten. Es ist eine schwere Prüfung, für beide. Was kann ich anderes sagen, als dass es mir unendlich leid tut? Er fragt, ob wir leichtfertig waren. Dies ist der vielleicht einzige Punkt, den ich ganz klar beantworten kann: Nein. Sicherheit stand für all meine Kunden immer ganz oben. Trotzdem konnte ich das Unglück nicht verhindern.

Am Ende unseres Gesprächs bittet mich der Vater, die Absprungrampe in Dortmund für immer zu schließen und abzubauen. Ich verspreche es ihm.

War es ein Fehler, den Sprungturm in Dortmund zu eröffnen? War der Tod des jungen Mannes jenseits meiner Verantwortung auch meine Schuld? Was hätte ich anders machen müssen? Was würde ich heute anders machen?

Einer der wichtigsten Bausteine der Resilienz-Theorie ist die Akzeptanz. Was in der Vergangenheit war, können wir nicht ändern. Wir können lediglich aus der Erfahrung für die Zukunft lernen. „Hätte ich das damals doch nur anders gemacht!", ist also der falsche Ansatz, mit ihm verschwendet man sinnlos Energie. Vom Kopf her wissen wir das natürlich alle. Aber die Seele und das Herz müssen anfangen, es zu begreifen. Nach Dortmund begann damit für mich die härteste Lektion meines Lebens.

Die kommenden Tage und Wochen fühle ich mich ohnmächtig, die Schuldfrage, die Trauer, aber auch die Angst um meine eigene Zukunft und die meiner Familie lassen mir keine Ruhe. In keiner Nacht schlafe ich mehr als drei Stunden, immer wieder wälze ich die gleichen Fragen um und um: Wie konnte das passieren? Was soll ich jetzt tun? Aber ich finde so wenig Antworten wie die Sachverständigen eine Unfallursache ermitteln können. Da ich ohnehin nicht abschalten kann, arbeite ich wie verrückt, bin um fünf Uhr früh im Büro und gehe erst um Mitternacht nach Hause. Doch sosehr ich auch strample, der Sog nach unten wird immer stärker. Alle Sprunganlagen halte ich zunächst geschlossen, die Kosten laufen weiter, der Cashflow bricht zusammen. Neue Aufträge bekommen wir nicht, weder für kleine Firmenfeiern noch für größere Event-Produktionen. Drei Monate nach dem Unfall sind die Barmittel erschöpft, zum ersten Mal in meinem Leben kann ich Rechnungen nicht mehr bezahlen. Das ganze Unternehmen wackelt, ich bin gezwungen, viele Mitarbeiter zu entlassen.

Zunehmend verzweifelt versuche ich, Teile meiner Firma zu verkaufen, das Agenturgeschäft, die teuer eingekauften Werberechte am Dortmunder Turm – alles ohne Erfolg. Nichts gelingt mir mehr, meine Strahlkraft, mit der ich zeitlebens Menschen begeistert und mitgezogen habe, ist dahin.

Im Herbst beschließe ich, trotz allem mit Bungee weiterzumachen – eine ungeheuer schwere, verzweifelte Entscheidung. Fürs Weitermachen ernte ich viel Häme und Kritik. Dabei habe ich die Betriebsgenehmigung mit der neuen Technik schon seit einer Weile zurück, und das Publikum drängt. Selbst in Dortmund, am Ort des Unglücks, ist die Nachfrage inzwischen wieder riesig; es bildet sich sogar ein Internetforum, das die Wiedereröffnung fordert. Das Geld der Interessierten könnte ich gerade sehr gut gebrauchen, aber ich habe dem Vater mein Wort gegeben: Diese Anlage bleibt für immer geschlossen, ich baue die Rampe ab.

Auch der Werbevertrag für den Turm wird gekündigt, und nur wenige Tage später kündigt die Bank auch alle Kredite zur Unternehmensfinanzierung. Das ist eigentlich das Aus, wir sind zahlungsunfähig. Drei Wochen habe ich noch, dann muss ich Konkurs anmelden, sonst mache ich mich strafbar. Als auch noch meine damalige Partnerin die Koffer packt und mich nach acht Jahren verlässt, wird mir plötzlich alles zu viel. Was mache ich noch hier? Was soll das alles? Zum ersten Mal in meinem Leben verspüre ich nun tatsächlich eine Art Todeswunsch.

Es ist mein ältester Freund Caspar, der mich aus dieser Situation wortwörtlich rettet. Er, der Arzt, sorgt sich um mich, zu Recht. Der Druck hat mich krank gemacht; nichts ist mehr übrig von dem Kraftmenschen, der ich mal war. Ich mutiere zum Asketen, wiege nur noch 68 Kilo, trinke ausschließlich Wasser, esse ab und zu einen Apfel, mal ein Stückchen trockenes Brot. Der Schlafmangel hat mich zusätzlich ausgezehrt, alle Energie ist verbraucht.

Eine Woche dauert Dr. Thierfelders Radikalkur. Mit ein paar Pillen, die ein Pferd zum Schlafen bringen würden, nimmt er mich aus dem Rennen. Ruhen, schlafen, essen, dazwischen: Ruhen, schlafen, essen. Nach und nach spüre ich, wie die Kraft zurückkehrt. Noch habe ich keinen genauen Plan, wie es weitergehen soll. Doch tief in mir erwacht langsam mein altes Ich. Der Unternehmer in mir hat sich nicht aushungern lassen, er ist immer noch da und mit ihm ein klarer Gedanke. Alles, was mein selbstzerstörerischer Asketismus übrig gelassen hat: ich werde nicht aufgeben, niemals.

Ich wünsche mir, dass Sie diese Lektion im Fallen niemals auf derart brutale Weise lernen müssen wie ich. Zwar hat sie letztendlich den Menschen aus mir gemacht, der ich heute bin. Und über die Jahre habe ich gelernt, das Geschehene und auch die Verantwortung dafür anzunehmen. Aber es war und ist immer noch ein täglicher Kampf.

Ich will Ihnen auch keine Angst machen vor Schicksalsschlägen und Krisen oder Sie damit einschüchtern, dass Ihnen schon morgen der Himmel auf den Kopf fallen kann. Aber früher oder später sehen wir uns alle mit Veränderungen und Schwierigkeiten konfrontiert, die wir nicht planen und nicht verhindern können. Was wir aber ändern können, ist unsere innere Einstellung. Eine Krise kann oft auch eine Chance sein. Richten Sie den Blick nach vorne, auf die nächste Türe hinter der sich ein neuer Weg auftut. Viele Menschen fühlen sich in Krisensituationen überfordert, hilflos, so ohnmächtig, dass sie keinen einzigen Schritt mehr weitergehen können. Wenn Sie den Ausweg selbst nicht mehr finden, suchen Sie Hilfe! Bei der Familie, bei Freunden, bei Fachleuten. Manchmal reicht ein Blick von außen, um Ihnen Ihre eigenen Stärken wieder bewusst zu machen. Das ist der Moment, in dem Sie aufstehen, um den nächsten Schritt zu tun.

AUFSTEHEN

ES GIBT
IMMER
EINEN WEG
NACH VORNE

Unser größter Ruhm ist nicht,
niemals zu fallen, sondern
jedes Mal wieder aufzustehen.

NELSON MANDELA

In jedem Ende liegt ein neuer Anfang

Mein Weg zurück

Monate nach dem schrecklichen Unglück, als es langsam wieder aufwärtsgeht mit mir, erzählt mir jemand ein Gleichnis: Zwei Frösche fallen in eine Milchkanne. Sie ist halb voll und die Frösche schwimmen darin herum, aber es gibt kein Entkommen. Beide versuchen immer wieder, an den glatten Wänden emporzuhüpfen – vergeblich. Der eine Frosch paddelt eine Weile verzweifelt in der Milch umher, dann gibt er auf, geht unter und ertrinkt. Der zweite Frosch kämpft umso wütender weiter. Paddelt und springt, paddelt und springt. Kämpft, obwohl die Lage aussichtslos erscheint. Dann plötzlich, als er beinahe am Ende seiner Kräfte ist, wird die Milch zu Butter. Der Frosch findet Halt und springt aus der Kanne.

Auch ich musste strampeln und auf vermeintlich aussichtsloser Position kämpfen, aber am Ende habe ich es aus der Kanne geschafft, so glatt und unüberwindbar die Wände zunächst auch aussahen.

Die Firma ist am Ende, die finanziellen Mittel sind erschöpft, aber mein Kampfgeist ist geweckt. Obwohl mich alle Berater warnen und mir nahelegen, Konkurs anzumelden, verkaufe ich mein Haus und alles, was auch nur irgendwie werthaltig ist. Ich muss schnell an Geld kommen, dann kann ich noch eine Weile durchhalten.

Die richtige Entscheidung, ich fühle mich befreit; es ist, als ob die in dem schönen Haus mit seinem Obstbaumgarten, den Steinterrassen, der alten Kapelle gespeicherte Energie in mich zurückfließt. In zähen Verhandlungen bezahle ich die Gläubiger und Banken. Am Ende bin ich zwar persönlich mittellos, aber auch endlich frei von Krediten und ohne Schulden. Noch ohne konkreten Plan und mit sechs von einst 65 Mitarbeitern wage ich den Neuanfang.

Nun werden Sie vielleicht fragen: Ohne eine neue Geschäftsidee, ohne Absicherung alles verkaufen und bei Null starten – kann das gut gehen? Alle anderen raten zur Sicherheit, zum Konkurs, mit dem ich mein Privatvermögen retten würde. Ich entscheide mich dagegen, handle vordergründig unvernünftig – und habe damit recht, wie sich später zeigen wird. Mensch, da hat der Schweizer aber ganz schön Glück gehabt, werden viele später denken.

Heute bin ich überzeugt, dass mein Aufstehen nach dem tiefen Fall nicht so viel mit Glück zu tun hatte. Vielmehr mit einer guten Portion Vertrauen in die eigenen Stärken und dem Willen, es zu schaffen.

Die Prinzipien der Resilienz-Theorie lehren uns genau das: In Phasen des Neuanfangs, ob im Kleinen oder Großen, ist die innere Haltung der Schlüssel zum Erfolg. Sie haben sich entschieden, eine bestimmte Situation, einen Lebensabschnitt hinter sich zu lassen? Dann müssen Sie noch nicht den finalen Masterplan für die Zukunft in der Tasche haben. Aber eins müssen Sie definitiv: die Veränderung wirklich wollen. Es ist völlig in Ordnung, sich in diesem Moment unsicher zu fühlen. Entwickeln Sie Neugier und Optimismus für das, was kommt! Besinnen Sie sich auf die eigenen Stärken. Was kann ich gut? Womit war ich erfolgreich? Nur mit positiven Gefühlen im Bauch finden Sie auch den richtigen Weg.

Ich weiß, wie schwer es mitunter gerade in Krisensituationen sein kann, positive Emotionen zu finden und zuzulassen. Die Schweizer Künstlerin Pipilotti Rist, die seit Jahrzehnten mit ihren knallbunten Videos an der Verschönerung der Welt arbeitet, hat in einem Interview einmal gesagt, sie beschwöre Leichtigkeit und Freude so gerne, weil sich das Gegenteil, das Negative, Schwere, automatisch einstelle. „Bei uns in Europa ist es ja nicht so angesagt, die Freude zu kultivieren, weil Schmerzen von vornherein als tiefer gelten." Wer viel grübelt, gilt als ernsthafter Charakter. Und weil wir gerne ernst genommen werden möchten, hat der Zweifel, das ewige Kritisieren eine solche Konjunktur, speziell in den Medien. Only bad news are good news – gegen diesen medialen Mechanismus die Kraft des Positiven, des Lobs zu mobilisieren, ist mitunter Schwerarbeit. Zumal es buchstäblich leichter fällt und weniger Energie kostet, innezuhalten und kritisch zurückzublicken, als voranzugehen und seine ganze Existenz auf ein neues Ziel auszurichten. Es stimmt: Ohne (Selbst-) Kritik keine (Selbst-) Erkenntnis, die die Voraussetzung dafür ist, seinen Weg selbstbewusst und selbstbestimmt gehen zu können. Aber die kritische Auseinandersetzung mit der eigenen Person darf kein lähmender Selbstzweck sein. Sie soll uns stärker machen – und muss münden in klar und positiv formulierte Ziele: Da will ich hin!

Am Dreikönigstag 2004 ziehen wir in unsere neuen Räume: eine alte Lagerhalle auf dem Gelände der „Kultfabrik" am Münchner Ostbahnhof. 6000 Euro Miete kostet sie – im Jahr. Das alte Büro hatte 8000 gekostet – im Monat. Alles ist provisorisch, wir haben den in Jahren des Leerstands aufgehäuften Taubendreck eigenhändig rausgekarrt, den Boden schwarz und die Wände weiß gestrichen, ein paar Sessel auf einer Empore bilden den Konferenzraum, die sechs Arbeitsplätze sind irgendwie in der Halle verteilt und über dicke, am Boden verlaufende Kabelstränge miteinander verbunden. So weit, so gut. Was immer noch fehlt, ist eine neue Geschäftsidee. Ich erfreue mich nicht an dem Gedanken, einfach wie bisher weiterzumachen und das Gleiche von vorne neu aufzubauen.

Als die anderen an diesem späten Abend des 6. Januar schon nach Hause gegangen sind, setze ich mich auf die schmale Eisentreppe, die hinaufführt zur Kammer des Werkmeisters. Von hier oben aus überblickt man die ganze Halle. Ich bin total müde und völlig leer – aber endlich wieder im positiven Sinn, weil gedanklich frei. Die tragische Katastrophe hat für mich einen Reinigungsprozess in Gang gebracht, sie ist wie ein Sturmwind durch mein Leben gerast und hat alles mitgenommen, was nicht hineingehörte. Alles, was nun noch da ist, nachdem der Sturm sich gelegt hat, ist richtig und echt. Zum ersten Mal seit langer Zeit bin ich wieder ganz bei mir selbst und frage mich: Wer bin ich? Was mache ich hier? Was bleibt am Ende von mir? Und was will ich jetzt eigentlich tun?

Als Eventagentur war meine Firma sehr erfolgreich – als Dienstleister für andere. Ich habe gutes Geld verdient – aber war ich wirklich bei mir selbst? Stets hatte ich das Gefühl, mich für die Wünsche der Kunden verbiegen zu müssen. Endlose Sitzungen, in denen die Auftraggeber sich immer wieder umentscheiden, etwas Neues, anderes wollen, vielleicht sogar das Gegenteil von dem, was wir einst gemeinsam geplant hatten – total nervig, aber ich muss gute Miene zum bösen Spiel machen, umsetzen. Dafür werde ich bezahlt. Mich ständig verbiegen – das wird mir plötzlich glasklar – ist nicht mein Charakter, war es nie.

Immer fiel es mir schwer, mich als Angestellter in eine Unternehmensstruktur zu fügen. Schon ganz am Anfang meiner beruflichen Karriere, damals in Afrika, war ich glücklicher, als ich frei und unabhängig als „Chef de Convoi" mit bis zu 20 LKW in der Wildnis unterwegs war. Später, als Geschäftsführer einer Spedition in München, konnte mich selbst das bessere Gehalt nicht über den Verlust der Freiheit hinwegtrösten.

DIE FREIHEIT IN

Selbstporträt. Allein, aber nicht einsam:
Mit dem Motorrad unterwegs in der
Zentralsahara, Mali, 1979

Mit Afrika verbindet mich eine lange Geschichte und für immer auch die intensive Erinnerung an grenzenlose Freiheit. Meine ersten Besuche in diesem weiten Kontinent unternahm ich kurz vor dem Abitur zunächst alleine, danach zusammen mit meinem besten Freund Caspar und immer mit dem Motorrad. Später verschlägt es mich beruflich wieder dorthin: Für Rudolf Niehaus, einen Schweizer Speditionsunternehmer, begleite ich Schiffsladungen und organisiere Konvois quer durchs Land. Ich merke schnell, das tut mir gut. Afrika, Abenteuer, aber auch Verantwortung für klar abgegrenzte Projekte. Ich bin mein eigener Chef und bekomme sofort Antwort auf mein Tun, weiß noch im selben Augenblick, ob ich richtig oder falsch entschieden habe. Während dieser Zeit lerne ich Afrika von seinen schönsten und schlechtesten Seiten kennen. Unberührte wilde Natur, grenzenlose Weite, aber auch verdreckte Städte, Korruption und Kriminalität.

Im Rückblick waren diese Trips für mich weit mehr als das Ausleben jugendlicher Reiseromantik – sie haben mein Leben geprägt und verändert. Sie haben mich die Dinge gelehrt, die in meinem späteren Leben als Unternehmer, aber auch als Vater und Mensch so wichtig wurden und es bis heute immer noch sind:

AFRIKAS WEITE

Erfolg braucht eine Vision, einen Traum, an den du glaubst und den du wirklich wahr machen willst. Nur dann hast du auch die Kraft, durchzuhalten und anzukommen. Erfolg braucht aber auch Training, unglaublich viel Training. 10.000 Kilometer habe ich auf meiner ersten Motorradreise zurückgelegt, alleine. Zusammen mit Caspar bin ich den weiten Weg bis nach Togo gefahren. Ohne diese Erfahrung hätte ich die Strecke nach Hause im Alleingang niemals geschafft. 10.000 Kilometer durch die Wüste, über Berge, zurück nach Europa in die Zivilisation. Es ist diese Mischung aus Ungewissheit und Selbstbestimmtheit, die mich dort so wahnsinnig frei fühlen lässt. Kilometer machen am Tag, schlafen unter freiem Himmel bei Nacht, auskommen mit dem Nötigsten und Entscheidungen treffen, die im Zweifel Leben oder Tod bedeuten können.

Niemals werde ich vergessen, was ich gefühlt habe, als ich mich mit meiner überschweren Maschine 1979 alleine durch den heißesten Teil der Zentralsahara, das Tanezrouft, über die „Piste Bidon cinq" kämpfte. Als ich morgens auf einer Anhöhe erwachte, auf der ich mich nach langer Fahrt schlafen gelegt hatte, und einfach nur, noch halb im Schlafsack sitzend, ans Motorrad gelehnt, meine Augen über diese endlose Landschaft gleiten ließ. Da war niemand, so weit ich sehen konnte, Hunderte Kilometer nur Stille, unendliche Weite. Ich fühlte mich allein, aber nicht einsam. Ich weiß nicht mehr, wie lange ich so da saß, ohne zu denken. Irgendwann muss ich dann aufgebrochen sein.

Über 30 Jahre sind seither vergangen, aber in meiner Erinnerung ist alles noch genauso präsent wie damals. Ein jegliches hat seine Zeit, und diese, heute lange vergangene Zeit symbolisiert bis heute meine damaligen Wünsche und Ideale: spontan leben und entscheiden, keine Termine, keine Verpflichtungen, keine Verantwortung, aus der Situation heraus handeln, grenzenlose Freiheit.

Natürlich, ich war noch jung und naiv: Heute weiß ich, dass selbst gewählte Verpflichtungen auch etwas Positives sein können und ein Plan vom Leben, eine Struktur durchaus sinnvoll sind. Aber was ich mir bewahrt habe, ist der starke Wunsch, für immer selbstbestimmt leben zu können. Wenn schon einen Plan verfolgen, dann wenigstens meinen eigenen.

Was ich wirklich will

Diese und viele weitere Etappen meines Daseins kreisen mir durch den Kopf, während ich auf der Treppe in der heruntergekommenen Lagerhalle sitze. Mir wird klar, was ich bei all meinen Jobs letztlich immer angestrebt habe: totale Eigenständigkeit. Vielleicht habe ich deshalb – zunächst ganz unbewusst – auch immer versucht, als Dienstleister nicht nur dem Kunden, sondern auch meiner Marke zu dienen. Ich wurde mit „Jochen Schweizer" eine Art Trittbrettfahrer jener mehr als 6000 Shows und Events, die ich im Laufe vieler Jahre im Kundenauftrag produzierte. Was auch immer wir für wen auch immer veranstalteten – stets habe ich die Marke „Jochen Schweizer" ohne großen zusätzlichen Kostenaufwand mitpräsentiert, auf Absperrbannern, Flaggen, in unseren Prospekten, die wir an die Leute vor Ort verteilten. „Jochen Schweizer" wurde zu einem Synonym hochwertig produzierter Veranstaltungen und viele Kunden nutzten schließlich unsere „Brand" als eine Art Qualitätssignet. Das war keine gezielte Kommunikation oder Markenentwicklung, wie man rückblickend denken könnte. Vielmehr habe ich auf diese Weise einfach immer schon unbewusst eine meiner größten Stärken ausgelebt: das Talent, Menschen zu begeistern und sie von ihren Vorteilen zu überzeugen.

Und während ich so dasitze auf meiner Eisentreppe, abgemagert, geläutert, verstehe ich mein ganzes bisheriges Tun besser. Warum ich welche Kämpfe verloren oder gewonnen habe – und was ich daraus lernen kann. Erst die Zäsur von Dortmund hat mir die Augen geöffnet für das, was mich als Persönlichkeit im Innersten ausmacht. Und dass ich mich im Zweifel auf mich selbst verlassen kann, denn das Leben stellt einem keine Herausforderung, ohne gleichzeitig die Kraft zu geben, diese zu meistern. Mit diesem Wissen beschließe ich in jener Nacht, die Reset-Taste zu drücken und mein Leben neu und so zu strukturieren, dass es wieder authentisch ist.

In diesem Moment schließe ich, soweit das möglich ist, mit der Vergangenheit ab und richte den Blick endgültig nach vorne. Wichtig ist es, sich dafür die nötige Zeit zu nehmen. Jeder Mensch hat sein eigenes Tempo, wenn es darum geht, bestimmte Dinge im Leben zurückzulassen. Für einen erfolgreichen Neustart ist es essenziell, eine deutliche Trennlinie zu ziehen. Für mich ist es der Moment der Erkennnis auf der Treppe. Ein bestimmter Ort, ein Ritual, ein Gespräch oder ein bewusster Moment mit sich selbst – vieles kann diesen Schnitt möglich machen. Welches für Sie der richtige Weg ist, empfinden und entscheiden Sie selbst. Sie werden spüren, wie neue Energie für alles Kommende in Ihnen entsteht. Eigentlich war sie immer da. Nun setzten Sie sie frei.

Eine fertige Geschäftsidee hatte ich bis zu diesem Moment immer noch nicht. Aber einmal derart klar und aufgeräumt im Kopf, in diesem intensiven Moment zwischen Vergangenheit und Zukunft, entsteht das Grundgerüst: Was mein verbleibendes Team und ich können ist gut, sehr gut. Die Ideen, die Logistik, die Qualität. Warum also diese Leistung, diese besonderen Erlebnisse nur anderen Firmen zugänglich machen? Viel besser und lukrativer wäre es doch, wenn wir den außergewöhnlichen, den perfekten Moment für jedermann möglich machen könnten!

Im heute üblichen Anglizismus heißt das: in erster Linie nicht mehr B2B, business to business, sondern B2C, business to consumer. Das ist die Geburtsstunde der Jochen Schweizer Erlebnis-Geschenkbox.

Sofort hole ich mir Papier und Stift. Mit einem gelben Textmarker ziehe ich ein paar Linien, in die Felder setze ich mit Kugelschreiber zunächst nebeneinander vier Worte:

Produkt. Preis. Kommunikation. Distribution.

Unter jedem Begriff notiere ich eine Erläuterung: Produkt – authentisch, ehrlich, immer speziell; Ziel: 100 besondere Erlebnisse. Preis – keine Außenprovision. Das Erlebnis darf bei uns nicht teurer sein als bei unserem Partner, der das Erlebnis durchführt. Kommunikation – hier schreibe ich in nur einer Stunde ein vollständig alle Werbedisziplinen integrierendes Konzept zusammen. Bei „Distribution" steht schließlich: Internet, Callcenter, eigene Läden, Handelspartner.

Das ist sie, die fertige Geschäftsidee, mit ihr bin ich wieder zurück im Spiel.

Leider ist der magische Zettel von damals verloren gegangen, obwohl ich später einmal verschärft danach gesucht habe, als Erinnerungsstück. Er enthielt die Quintessenz all meiner vorangegangenen Geschäftserfahrungen auf einer einzigen Seite. Und gab die Struktur vor, nach der mein Unternehmen im Prinzip heute noch funktioniert, auch wenn es inzwischen aus über 20 einzelnen Firmen besteht und mehr als 500 Mitarbeiter beschäftigt.

Nur in einem Punkt habe ich mich geirrt: 100 Erlebnisse waren viel zu kurz gedacht. Heute weiß ich, dass das Angebot viel breiter sein muss, damit es wirklich für jeden etwas Passendes gibt – die Interessen der Menschen sind beinahe so vielfältig wie sie selbst.

Mittlerweile bietet „Jochen Schweizer" mehr als 1800 verschiedene Erlebnisse an, so unterschiedlich und vielfältig wie unsere Kunden. Doch bis dahin war es ein weiter und mitunter steiniger Weg.

Ich bin zurückgekommen. Ich bin gefallen, wieder aufgestanden und habe die Kontrolle über mein Leben zurückgewonnen. Sie können das auch. Denken Sie nicht mehr an die verschüttete Milch, schauen Sie nach vorne, dahin, wo Sie hinwollen. Besinnen Sie sich auf Ihre Stärken und bleiben Sie optimistisch. Haben Sie Vertrauen zu sich selbst, man kann sich nämlich sehr wohl am eigenen Schopf aus dem Sumpf ziehen.

Sie werden sehen: Mit dieser Haltung kommen Sie ans Ziel, Ihr Denken wird zu einer selbsterfüllenden Prophezeiung. „Das bekomme ich hin" – diesen Satz müssen Sie sich nicht nur sagen, sondern auch selbst glauben. Dann werden Sie alles daran setzen, die Aussage auch wahr zu machen. So gelingt Selbstmotivation, so entwickeln Sie die nötige Selbstwirksamkeit, um nach Krisen wieder aufzustehen.

Und Dankbarkeit. Üben Sie sich in bewusster Dankbarkeit. Ein spiritueller Begleiter gab mir in dieser schweren Zeit einen Zettel, auf dem folgendes Mantra stand: „Danke für alles, ich beschwere mich über nichts". Es klingt absurd, diese zwei Sätze immer und immer wieder vor sich hinzumurmeln, während man alleine in seiner Wohnung auf dem Meditationskissen sitzt, das eigene Leben ein Trümmerfeld, eigentlich niedergeschmettert ist vor Verzweiflung, Enttäuschung und der Wut, just in diesem Moment von der Frau betrogen und verlassen worden zu sein, die man liebte.

Aber so absurd es auf den ersten Blick klingt, es hat etwas bewirkt. Indem ich über Monate täglich dieses Mantra rezitierte, schickte mir das Leben schließlich etwas besseres, eine stille, schöne, engelhafte Frau vom Ende der Welt, die sich nie in meinem Leben hätte manifestieren können, wenn ich nicht verlassen worden wäre – und es annahm – mit den Worten: Danke für alles, ich beschwere mich über nichts.

Dieses Mantra beinhaltet keine Forderung, sondern es nimmt an, was ist und öffnet dennoch alle Pforten.

WACHSEN
UND
GRENZEN
ÜBER-
WINDEN

6

Ein Schiff im Hafen ist sicher.
Aber dafür wurde es nicht gebaut.

GRACE HOPPER,
US-amerikanische Computerpionierin

Aufbruch in neue Welten

Begeisterung kann anstecken

Die Frage, ob ich mich mit meiner neuen Geschäftsidee würde erfolgreich durchsetzen können, habe ich mir zu keinem Zeitpunkt gestellt. Ich war einfach überzeugt von ihr und wusste aus Erfahrung, wo unsere Stärken liegen und dass ich nicht aufgeben werde, bis ich im Ziel bin.

Nach der schicksalsträchtigen Nacht auf der Treppe dauert es etwa zehn Monate, bis die Website www.jochen-schweizer.de online geht – damals zunächst mit nur 15 Erlebnissen.

Wenn ich mit meinen alten Vertrauten in der Firma heute mal was zu lachen haben will, schauen wir uns Screenshots dieser Seite an, ein Ausflug in die digitale Steinzeit, so kommt es mir heute vor. Heute kann wahrscheinlich jeder Zehnjährige etwas Komplexeres programmieren, aber für damalige Verhältnisse war das eine ziemliche Leistung, die Seite war mein ganzer Stolz.

Zunächst wurden darauf nur Erlebnis-Aktivitäten angeboten, die ich selber ausprobiert und bei denen ich noch Kontakte zu Veranstaltern hatte: Fallschirmspringen, Gleitschirmfliegen, Quadfahren und so weiter. Aber recht schnell geht es nicht mehr nur um Abenteuer für Adrenalinjunkies, sondern auch um Entspannungs-Angebote wie Massagen oder Dinner in the Dark. An deren Erfolg glaube ich als ehemaliger Extremsportler am Anfang eigentlich nicht wirklich, aber schnell lasse ich mich eines Besseren belehren, denn: Ein Erlebnis ist eben für jeden etwas anderes. Nur einen Monat später, im Dezember 2004, machen wir mit unseren 15 Erlebnissen bereits 180.000 Euro Umsatz. Nach den vielen Rückschlägen und harten Zeiten der vorangegangenen Monate fühlt es sich an, als würde man einen Erstickenden in ein Sauerstoffzelt tragen.

Wollen Sie eine Idee, einen Plan, eine Veränderung erfolgreich umsetzen, bleiben Sie optimistisch und schöpfen Sie Kraft und Vertrauen aus der eigenen Erfahrung. Ebenso wichtig aber ist die Bereitschaft, Neues zu lernen – nur so lassen sich unbekannte und schwierige Aufgaben bewältigen. Wir reagieren auf den stetigen Wandel um uns herum, indem wir selbst beweglich bleiben und die persönlichen Stärken wie einen Muskel trainieren. Auf diese Weise bauen Sie Ihre

Ein perfekter Augenblick: wie ein Vogel segeln im Aufwind

Indoor Sky Diving: Der Traum vom Fliegen in einem vertikalen Windkanal. Das kann man nicht beschreiben, das muss man erleben...

Kompetenzen ständig weiter aus und stärken Ihre Resilienz, Ihre psychische Widerstandsfähigkeit.

Mein Unternehmen gibt es jetzt seit mehr als 25 Jahren. In dieser Zeit haben wir uns bestimmt fünfmal neu erfunden. Am Anfang war es die Kajakfilmproduktion, dann das Sensationsdarsteller-Unternehmen, gefolgt von der Bungeezeit. Darauf aufbauend wurde es im Schwerpunkt eine Event-Werbeagentur und entwickelte sich weiter zu einer Marketingagentur für Actionmarketing und 360 Grad-Kommunikation. Heute finden sich alle diese Schwerpunkte in den Geschäftskonzepten der mehr als 20 Unternehmen weiterentwickelt wieder, die unsere Unternehmensgruppe ausmachen.

Um die Umsetzung und den Ausbau meiner Geschäftsidee voranzutreiben, handelte ich nach den Prinzipien der Resilienz-Theorie (ohne sie bewusst zu kennen): die vorhandenen Stärken ausspielen, schnell dazulernen und Kompetenz aufbauen. Mit vielen Themen hatte ich bereits in meiner beruflichen Vergangenheit zu tun, aber das schnelle Wachstum der

Firma und das einzigartige Produkt dahinter bringen auch etliche Meter Neuland mit sich.

Meine beiden größten Stärken, Hartnäckigkeit und Überzeugungskraft, machen sich nach der Katharsis durch das Unglück von Dortmund vor allem bei der Suche nach den richtigen Finanziers bezahlt. Auch wenn ich zunächst bei Banken und Investoren abgeschmettert werde – am Ende gelingt es mir, die Tragfähigkeit meines Konzepts in Form der ersten Geschäftszahlen schwarz auf weiß zu belegen und ich bekomme die nötige Unterstützung. Ein Spaziergang war das nicht. Nach meinem gescheiterten Pitch, meinem Vorsprechen in New York, arbeite ich noch einmal fast ein Jahr am Beweis, dass meine Geschäftsidee funktioniert. „Proof of concept" heißt das im Business Speak, dafür habe ich um jeden einzelnen Auftrag, jeden einzelnen Kunden hart gekämpft.

Die Investoren, die ich schließlich überzeugen kann, sind so verschieden wie ihre Motivation. Ein bekannter Verleger gehört dazu, einer der Pioniere des Internetbanking (der schon beim Termin in New York dabei und zunächst nicht überzeugt war); schließlich Unternehmensgründer, die mit dem Verkauf ihrer eigenen Firma sehr wohlhabend geworden sind und jetzt ihr Geld investieren, um erneut Profit zu machen. Die neun lassen sich in drei Investorentypen einteilen: Einer hat auf mich als Persönlichkeit gesetzt. Er hatte unsere Show zur Enthüllung des renovierten Brandenburger Tors gesehen, fand den Event toll und wollte mich kennenlernen. Als ich dann Geld brauchte, hat er mich zu einem Privat-Lunch in seine Villa eigeladen, mich meine Idee präsentieren lassen und sagte: „Ok, Sie gefallen mir, Sie werden das schon schaffen – ich bin dabei." Die zweite Gruppe hat meinen Businessplan studiert. Jede Zahl wurde endlos hin- und hergewendet, jede Excel-Tabelle hinterfragt. Als die fertig waren, war meine Firma zwar nur noch halb so viel wert, wie ich ursprünglich veranschlagt hatte. Aber sie haben trotzdem investiert. Die dritte Gruppe schließlich hat vor allem auf den Markt gewettet und in die Erlebnisindustrie investiert. Solche Investoren agieren nach dem Motto: Kommt die Flut, gehen alle Schiffe hoch. Immer mehr Menschen wollen in ihrer Freizeit etwas Inspirierendes unternehmen, also werden alle profitieren, die dafür ein Angebot machen können. Jochen Schweizer kann das, also sind wir dabei.

> Klingt einfach. Doch in Wahrheit dauert der ganze Prozess Monate, mit harten nächtlichen Verhandlungen bis zum Morgengrauen. Für mich ist das ein Crashkurs in Business, besser als jedes Hochschulstudium. Ich lerne täglich Neues, wie ein Schwamm sauge ich alles auf. Eine unglaublich intensive Phase, in der ich versuche, jeden kleinen Schritt nach vorne als positiven Antrieb, jeden Rückschlag als Chance der Weiterentwicklung zu nutzen.

> Und hier die beruhigende Erkenntnis für Sie: Rückschritte gehören dazu. Bei mir, bei Ihnen, bei allen anderen. Egal, was man anpackt, in den seltensten Fällen geht es immer nur nach vorne, bis man einfach über die Zielgerade rutscht. Entscheidend ist, wie man mit den Schwierigkeiten, die sich auf dem Weg unweigerlich ergeben werden, umgeht. Versuchen Sie, Stolpersteine, Hindernisse und missglückte Aktionen möglichst immer als Entwicklungschance zu sehen. Oft helfen gerade die schwierigsten Passagen des Weges dabei, zu einem späteren Zeitpunkt anderswo weiterzukommen. So lernen wir nach und nach, Hindernisse zu überwinden. Und mit jedem Versuch klappt es etwas besser.

Vor 10 Jahren fragte mich eine Management Organisiation, ob ich nicht gegen ein kleines Honorar in Augsburg eine Motivationsrede halten wolle. Obwohl ich eigentlich keine Zeit hatte, nahm ich an. Schlecht vorbereitet, wie ich war, sprach ich reichlich unstrukturiert und ohne klare Botschaft. Mein Vortrag war so schlecht, dass einzelne Zuhörer anfingen, mit ihren Handys zu spielen, andere verließen einfach den Saal – die Höchststrafe für einen Redner. Und für mich eine schwere persönliche Niederlage, die ich ganz alleine zu verantworten hatte.

Doch die Sache ließ mich nicht los, ich konnte nachts nicht mehr schlafen, so sehr haderte ich mit meinem missratenen Auftritt. Selbst als ich mit meiner damaligen Freundin, meiner heutigen Frau, für ein romantisches Wochenende nach Ibiza flog, verfolgte mich die Sache weiter. Rastlos, wie ich war, stand ich nachts auf und googelte die Begriffe „Die perfekte Rede" und „Motivational speaking". Während meine Frau friedlich schlummerte, recherchierte ich neben einer Menge Literatur auch den Namen eines Autors und Coaches für „Public Speaking". Seine Telefonnummer fand ich schnell, schon am nächsten Morgen um 7.30 Uhr ging ich auf die Terrasse und rief ihn an. Zufällig war er gerade in Barcelona, und gegen ein stattliches Honorar bot er mir an, mich noch am Nachmittag und Abend des gleichen Tages zu coachen. Ich ging wieder hinein zu meiner Freundin und weckte sie mit den Worten: „Engel, ich muss in zwei Stunden nach Barcelona fliegen, lass uns noch zusammen frühstücken!"

Heute halte ich Reden zu verschiedenen Themen, über die Faktoren von Erfolg, wie man die eigenen Ängste kontrolliert, was Persönlichkeit und Unternehmertum ausmacht. Das Publikum ist ganz verschieden, ich spreche vor einer exklusiven Gruppe von 20 Vorständen genauso wie in einer Stadthalle, in der 1200 Kunden einer Bank sitzen.

Maximal zehn Auftritte pro Jahr absolviere ich, und jeden einzelnen bereite ich akribisch und immer individuell vor. Stets reise ich am Vortag an, selbst wenn die Rede erst am Abend stattfindet – so nehme ich alle tagsüber gesammelte Energie mit in den Saal. Ich definiere sorgfältig den „Hook", den Haken, mit dem ich meine Hörer zu Beginn einfange. Er ist immer anders, mitunter sogar auf Anhieb gar nicht richtig verständlich. Aber mit ihm baue ich die Spannung auf, die den ganzen Vortrag durchzieht und die sich erst am Ende löst, wenn ich noch einmal meine drei wichtigsten Botschaften zusammenfasse.

Ich glaube, ich bin jetzt ein guter Redner. Aber ohne die Niederlage beim ersten Mal wäre ich es nicht geworden. Für mich war das eine entscheidende Erkenntnis: Wenn Sie eine Niederlage erleiden – akzeptieren Sie sie! Aber nehmen Sie die Niederlage zum Anlass, es beim nächsten Mal besser zu machen. Nur so können Sie wachsen.

Rückschritte, Fortschritte – wichtig ist die Bewegung

Der Oktober 2005 ist eine Zeit, die sich für mich im ersten Moment wie ein Rückschritt anfühlt, in Wahrheit aber ein Sprung nach vorne ist. Denn: Ich muss einen erheblichen Teil meiner Firma an die Investoren abtreten. Im Gegenzug erhalte ich das nötige Kapital für den Ausbau, und plötzlich geht alles sehr schnell vorwärts.

Erste Internetkampagnen, Webmastering, professionelles Marketing, Investitionen in Informationstechnologie, Infrastruktur, Logistik, in die Einkaufsabteilung, die landauf, landab Erlebnisse einsammelt, die sich für unsere Kunden eignen. Denn mir ist schnell klar geworden, dass ich auf Dauer nur bestehen kann, wenn ich meine Erlebnisse überall in Deutschland anbieten kann. Kein Münchner kauft ein Dinner in the Dark in Berlin. In dem Moment, in dem ich aber beide Orte anbiete, verdopple ich meine Verkäufe. Eine sehr einfache Rechnung, die aufgeht. Nur zwölf Monate später, im Dezember 2005, macht meine Firma bereits 3,6 Millionen Euro Umsatz; neun Jahre später werden es 70 Millionen sein. Und auch diese Reise hatte ihre Höhen und Tiefen, es gab richtige Entscheidungen und falsche, dazu Menschen, die meine Firma und mich weiter nach vorne gebracht haben, aber auch solche, die uns Zeit, Geld und Erfolg gekostet haben. Dahin zu kommen, wo wir heute stehen, war unterm Strich ein hartes Stück Arbeit – und ist es immer noch.

Oft hätte ich es mir in all den Jahren einfach machen und aussteigen können. Die Firma verkaufen, Exit – take the money and run. Oder, noch besser: Don't run, go kayaking. Ich bin immer noch topfit und könnte im Kajak Ocean-Races in Südamerika fahren, tagelang auf dem offenen Meer. Ich wäre weg. Im Sommer beim Paddeln und Skydiven, im Winter beim Freeriden in den Rockys.

Einmal war ich tatsächlich kurz davor. Die Firma ist mittlerweile viele Millionen Euro wert, als sich ein Investmentfond interessiert zeigt, 100 Prozent aller Anteile zu erwerben. Auch wenn es mir schwerfällt – ich bin tatsächlich bereit zu verkaufen. Der Vertrag wird aufgesetzt, beim Notar 20 Stunden lang verlesen und gezeichnet. Doch plötzlich legt sich einer der Mitgesellschafter quer. Ich war beim damaligen Investitionsvorgang schlecht beraten worden und wir hatten keine Mitverkaufspflicht vereinbart. Nun will er für seine Anteile mehr Geld, als ihm quotal zusteht, andernfalls weigert er sich zu verkaufen. Und dann nimmt er noch zwei weitere, bis dato loyale, gute Gesellschafter mit auf diesen Weg! Obwohl ich alle drei einfach ausbezahlen könnte, indem ich auf einen Teil meiner Quote verzichte, weckt dieses Machtspiel meinen alten Kampfgeist: Dann eben kein Exit! „Don't fool with Jochi" hatten sie in meiner Zeit als Chef de Convoi in Afrika immer gesagt....

Am Ende dieser Auseinandersetzung, an dem ich (fast) alle Teilhaber auskaufe, haben der Initiator und seine beiden Follower sehr viel weniger Geld für ihre Anteile bekommen, als wenn sie kooperiert hätten. Leider gilt das auch für alle anderen guten Gesellschafter, was ich bedaure. Kollateralschaden, könnte man vielleicht sagen, sie können sich beim Initiator des Widerstands gegen diesen hochbewerteten Exit bedanken.

Rückblickend ist die Entscheidung, das Unternehmen wieder in mein Eigentum zu bringen, völlig richtig gewesen, aber sie kostet mich in den kommenden Monaten eine Menge Kraft und bedeutet viele schlaflose Nächte. Heute verstehe ich: tatsächlich ging es mir gar nicht um Geld oder Unternehmensanteile – es ging mir um mein Selbstbestimmungsrecht. Es war ein Angriff auf meine ureigene Persönlichkeitsstruktur – ich will selbst über mein Schicksal bestimmen. Diese Freiheit ist mir so wichtig wie die Luft zum Atmen. Und es war vollkommen unmöglich zuzulassen, dass ein steinreicher Unternehmer, der sich zehn Prozent an meiner Firma gekauft hatte, mir seinen Willen aufzwingt. Er hat mich unterschätzt. Und ich wäre noch viel weiter gegangen, ehe ich zugeschaut hätte, wie ein anderer Mensch über mein Leben bestimmt. Einer der beiden Investoren, die er zunächst mitgenommen hatte, erkannte, dass es in dieser Auseinandersetzung am Ende keinen wirtschaftlichen Gewinner geben würde. Mir war das egal – es ging längst um etwas ganz anderes, nämlich um eine der wichtigsten Säulen meines Lebenskonzepts: frei und selbstbestimmt entscheiden zu können. Dieser lebenskluge Mitinvestor kontaktierte meinen Steuerberater und entwickelte mit ihm die Idee, mir Call-Optionen einzuräumen. Die würden es mir ermöglichen, mein Unternehmen Stück für Stück zurückzukaufen – und dabei die Investoren auszuzahlen.

Plötzlich hatte ich ein neues, sehr konkretes Ziel und ich arbeitete mit aller Macht darauf zu. Michi Kiesl und ich formten in den darauffolgenden Jahren unter der Marke Jochen Schweizer das bis heute mit weitem Abstand erfolgreichste Unternehmen des Marktes.

In meiner damaligen Situation hätte es mich keinen Schritt weitergebracht, mich über den geplatzten Verkauf zu ärgern. Darum habe ich stattdessen meine ganze Energie auf die Zukunft gerichtet und anstatt zurück lieber nach vorne geschaut – und ganz ohne Aufregung habe ich akzeptiert, dass mein Leben eine andere Richtung nehmen würde.

Resiliente Flexibilität könnte man das nennen: ohne Zögern veränderte Situationen anzunehmen und zu meistern.

Statt „Exit", gefolgt von Ocean Kajak-Races und einem leichten Freizeitleben in Wohlstand, habe ich die Herausforderung angenommen, für Erlebnisse die beste Firma der Welt zu bauen. Denn es ist wichtig zu wissen, warum man morgens zur Arbeit geht. Wir nennen das „Our Reason why". Unsere über 500 Mitarbeiter und ich wissen, dass wir jährlich hunderttausenden von Menschen besondere Erlebnisse ermöglichen und schon jetzt das Leben von Millionen bereichert haben.

Mein nächstes Ziel nach dem überstandenen Machtspiel hieß: alle Gesellschafter herauskaufen. In den folgenden Jahren setze ich alle Gewinne, die ich nicht in den Ausbau der Erlebnisfirma und die zahlreichen arrondierenden Tochter- und Schwesterunternehmen reinvestiere, allein dafür ein. Und am Ende gelingt es mir. Ich übernehme wieder die vollständige Kontrolle über die Firmengruppe, die meinen Namen trägt. Eigentlich ist erst jetzt der Prozess, der auf der Treppe eines Lagerraums begann, abgeschlossen. Jetzt erst schließt sich der Kreis und ich bin wieder ganz bei mir.

Ein großer Kampf auf dem weiten Feld der Ökonomie ist geschlagen, ich bin am Ende übrig geblieben. Ein gutes Gefühl – aber doch ganz anders als die Befriedigung, die ich Zeit meines Lebens in der Natur und beim Sport erlebt habe. Auch dort muss ich permanent Entscheidungen treffen, aber die Antwort, ob es die richtigen waren, bekomme ich sofort. Extremsport ist eine digitale Frage, null und eins, du schaffst den Sprung über die Kante des Wasserfalls oder nicht: Wenn es wehtut, war die Entscheidung falsch. Im Business entscheide ich jeden Tag einen Haufen Dinge – aber manchmal erfahre ich nie, ob es richtig oder falsch war. Oder erst in sehr ferner Zukunft. Es gibt so viele Parameter, die nicht absolut gelten; nie ist es nur fahren oder fallen, es gibt unendliche Graustufen, wie Schattierungen des Meeres an einem Wintertag. Mitunter hat mich eine vermeintlich falsche Entscheidung sogar davor bewahrt, einen noch größeren Fehler zu machen. Aber eins weiß ich sicher: Die Tage, an denen ich meine Investoren – die gutmeinenden, wie auch die Sharks – herausgekauft habe, waren gute Tage. Das hat mich zwar auf einen Schlag viel Geld gekostet. Aber das war es wert. Ich habe alle ausbezahlt, bis auf zwei, die zu Freunden geworden waren: den Verleger und Autor Dr. Florian Langenscheidt und Werber-Urgestein Jürgen Knauss, die mir bis heute wertvolle und wohlwollende Begleiter sind.

Sein Leben resilient zu führen, bedeutet nicht nur, aus eigener Kraft nach Krisen wiederaufzustehen, sondern das ganze Leben nach den eigenen Vorstellungen zu gestalten. Es geht nicht alleine darum, einen Moment der Schwäche zu überleben und sich irgendwie auf den Beinen zu halten. Das Ziel heißt vielmehr, sich die Zukunft so zu formen, wie man sie haben will.

Streichen Sie folgenden Satz für immer aus Ihrem Wortschatz: „Ich sollte eigentlich…" Tauschen Sie ihn aus gegen diesen hier: „So will ich es." Planen Sie, wie Sie ans Ziel kommen wollen, dann handeln Sie. Schon Marc Aurel, der römische Kaiser und Philosoph, in dessen vor beinahe 2000 Jahren geschriebenen „Selbstbetrachtungen" ich immer wieder Einsichten und Ratschläge finde, die mir im Hier und Jetzt weiterhelfen, warnt vor Planlosigkeit und Verzettelung: „Hüte dich noch vor einer andern Verirrung, denn es ist auch Torheit, sich das Leben durch zwecklose Handlungen schwer zu machen; man muss ein Ziel haben, auf das sich alle unsere Wünsche, alle unsere Gedanken richten." Er hat das offenbar mit viel Erfolg getan und ein Weltreich beherrscht. Aber sein Ratschlag ist auch im modernen Alltag von Nutzen: Lassen Sie sich nicht ablenken, bleiben Sie fokussiert auf das, was Sie erreichen wollen. Bewerten Sie Ihren Weg und Ihr Handeln dabei kontinuierlich. Fragen Sie nicht: Worin bin ich schlecht? Fragen Sie: Was kann ich gut und worin kann ich noch besser werden? Bauen Sie Ihre Stärken aus, leben Sie mit Ihren Schwächen. Selbst wenn Sie alle Ihre Energie darauf verwenden, Ihre Schwächen zu verbessern – über Mittelmaß werden Sie nicht hinauskommen. Wenn Sie aber die gleiche Energie einsetzen, um Ihre Stärken auszubauen – dann werden Sie auf diesem Feld unschlagbar werden. Und damit ergibt sich von selbst, auf welchen Gebieten Sie zukünftig kämpfen und Ihren Lebenserfolg suchen wollen. Der gute Lebensunternehmer bestimmt selbst, wo er tätig sein will, so wie der erfolgreiche Feldherr der Antike stets Terrain und Zeitpunkt der Schlacht zu bestimmen versuchte. Hinterfragen Sie täglich, was Sie Ihrem Ziel näher bringt und lassen Sie es auf keinen Fall aus den

Augen, auch wenn der Weg Sie einmal um den Berg herumführt. Und rechnen Sie mit dem Unberechenbaren! Auch das habe ich bei Marc Aurel gefunden: „Die Lebenskunst hat mit der Fechtkunst mehr Ähnlichkeit als mit der Tanzkunst, insofern man auch auf unvorhergesehene Streiche gerüstet sein und unerschütterlich fest stehen muss."

Perspektivenwechsel. Der Vertical Catwalk am Rockefeller Center, 5th Avenue, NY

Mut machen

Für mich war Mut schon immer vor allem eines, nämlich das Vertrauen in die eigenen Fähigkeiten. Eine Definition, die sich erlernen lässt.

In der Regel erleben wir den perfekten Augenblick dann, wenn uns selbst etwas Außergewöhnliches widerfährt. Für mich sind es meist Momente sportlicher Höchstleistung oder intensiver Gefühlsregungen. Es gibt aber auch den perfekten Augenblick, den wir durch andere Menschen erfahren können. So eine Situation zu erkennen und zu spüren erfordert Sensibilität und Aufmerksamkeit für das Gegenüber und ist eine äußerst bereichernde Erfahrung.

Für mich begann die Vorgeschichte zu einem solchen Erlebnis bereits im Jahr 2004, als meine Eventagentur den Auftrag erhielt, für die Marke Esprit eine Modenschau zu organisieren. Eigentlich gehörte so etwas nicht zu unserer Kernkompetenz, aber sei's drum – der Kunde wünschte einen Laufsteg in der Fußgängerzone vor seinem Geschäft im Westenhellweg, der zentralen Dortmunder Einkaufsstraße. Es winkten eine Menge Anschlussaufträge. Kein Problem, dachte ich wie immer, es ist nur eine Aufgabenstellung – wir werden die Genehmigung schon irgendwie bekommen. Voller Selbstbewusstsein marschierte ich auf's städtische Ordnungsamt – und erlebte mein Waterloo. Die

AUGENBLICK

Dame vom Amt hatte „Haare auf den Zähnen", sie mochte nichts an mir, nicht mein optimistisches Auftreten, nicht mein Lächeln, nicht mein selbstbewusstes Auftreten. Wie zum Hohn überreichte sie mir nach einem zähen Gespräch eine Genehmigung für ein Podest, direkt an der Hauswand des neuen Flagship Stores, 5 Meter breit, 2,5 Meter tief. Allenfalls genug Platz für ein einziges Modell, das auf der Stelle Pirouetten dreht, aber doch nicht für eine Modenschau!

Ich nehme den Wisch und fliege frustriert zurück nach München; so habe ich mir das Ergebnis meiner Bemühungen nicht vorgestellt. Nachdenklich fahre ich vom Flughafen an die Regattastrecke, sie liegt ohnehin auf dem Weg – und doch weit abseits von allem, was „in" und „hip" ist in dieser Stadt. Das kubische Becken, 2230 Meter lang und 140 Meter breit, liegt still im letzten Abendlicht. Die umliegenden Wiesen sind gemäht, die Landschaft wirkt aufgeräumt, nur eine Nachtigall ist zu hören. Ich steige ins Boot und fahre in Stille vor mich hin, in dieser rotierenden Bewegung, mit der man die Kraft aus dem Oberkörper auf das Paddel überträgt. „Wingen" nennt man diese Technik; säße ich nicht in einem schmalen Rennkajak – es könnte auch eine schwingende Meditation in einem fernöstlichen Kloster sein. Ich sitze in einem alten Mahagoniboot, 5,2 Meter lang und auf der Wasserlinie nur 25 Zentimeter breit – darin zu fahren ist anstrengend und verlangt Konzentration. Alles, was nichts mit dieser Situation zu tun hat, fällt von mir ab, das Denken hört auf. Als ich nach einer Stunde in der anbrechenden Dunkelheit mein Boot vor der Halle mit einem Handtuch trocken reibe, fällt mir die Genehmigung wieder ein. Ich muss lachen: Wie blöd ich aus der Wäsche geguckt haben muss, als ich derart kühl abserviert wurde! Im gleichen Moment aber fällt mir noch etwas ein: dass die genehmigte Winzigbühne keinerlei Höhenbeschränkung hat. Eingebung und Trotz vermischen zu einem Gedanken: Weißt du was, du alter Drache vom Amt? Du willst uns an die Hauswand verbannen? Bitteschön, das kannst du haben, laufen wir die halt rauf und runter, die ganzen 50 Meter!

Das war der Entstehungsmoment des Vertical Catwalk, geboren aus dem Geist des Zen-Kajaking. Zwar konnte ich zunächst keine

Models finden, die ganz entspannt eine 50 Meter hohe Hauswand hinabspazierten, Gesicht voran in die Tiefe. Deshalb engagierte ich einfach ein paar von meinen Jungs aus den verschiedenen Event-Teams, super gebaute Kerle, die sich in der Vertikalen tanzend am Ende der Show die Hemden vom Leib rissen und ins Publikum warfen. Am Boden vor meiner Mini-Bühne war die Hölle los, der Kunde buchte uns im Anschluss für zehn weitere Shows und später eine große Asientour, Singapur, Hongkong, Taipeh, Shanghai, Kuala Lumpur... Bis zu 200 Meter wuchsen unsere „Bühnen" schließlich in den Himmel; in den Folgejahren stand ich auf den 120 höchsten Gebäuden der großen Welt-Metropolen. Irgendwann hatte ich auch ein tolles Team wagemutiger Tänzerinnen beisammen. Die durchtrainierten Mädchen bewegten sich auf ihren senkrechten Laufstegen in hundert Metern Höhe an der Fassade eines Wolkenkratzers so souverän wie Claudia Schiffer oder Naomi Campbell in der Waagerechten.

Und dann kam der Tag der Modenschau am Rockefeller Center, 5th Avenue, New York, USA. – keine schlechte Adresse für den Auftritt einer Eventfirma aus München. Für uns war das mittlerweile Routine, aber die Journalisten von der New York Post waren total elektrisiert und wollten ihre Leser hautnah an dem Ereignis teilhaben lassen. Sie wählten eine Redakteurin aus, die einen Testlauf machen sollte, mitten in der Nacht. Ein Riesenteam rückte an, mehrere Fotografen, die von den umliegenden Gebäuden Aufnahmen machen sollten, dazu eine Armee von Beleuchtern. Als alles aufgebaut ist, steht die Journalistin angeseilt oben an der Kante und soll loslaufen – da friert sie ein.

Einfrieren ist eine Art Höhenkrankheit, eine Angststarrung. Jeder Muskel ist aufs Äußerste angespannt, der ganze Körper wird knallhart und der Mensch verliert die Kontrolle über seinen Willen. Die Frau ist total hilflos. „Ich kann das nicht tun, ich kann nicht!", stöhnt sie. Ich hänge mich in ein zweites Seil, stelle mich neben sie auf die Kante des Hochhauses, hoch über der Skyline von New York City. Ich schaue ihr tief in die Augen und frage sie: „Do you really want to do this?", und als sie ein leises „Yes" haucht, sage ich zu ihr: „ Don't look down. Look into my eyes – trust me! You can do it!" Sie schaut mich jetzt offen an, unsere Nasenspitzen sind keine 20 Zentimeter voneinander entfernt. Es ist ein intimer Moment, der trotz all der Zuschauer ringsum nur uns beiden vorbehalten ist. „Take my hand", sage ich zu ihr, und als sie nach meiner Pranke greift, fühlt es sich an, als hätte ich meine Hand in einen Schraubstock gespannt. „Du kannst das. Vertrau mir. Wir machen das jetzt zusammen."

Es dauert einige Sekunden, doch dann machen wir gemeinsam den ersten entscheidenden Schritt über die Kante – und danach alle weiteren, die so viel leichter sind, bis wir unten sind.

Ihr Artikel wird später so beginnen: „Last time, a man looked into my eyes and told me: „trust me" – it didn't work out too well for me .... Now I am standing next to German Stuntman Jochen Schweizer ...." Das letzte Mal, als ein Mann zu mir sagte: Vertrau mir!, ist die Sache für mich nicht eben gut ausgegangen ... Jetzt stehe ich neben diesem Deutschen Stuntman Jochen Schweizer ..." Aber sie ist natürlich auch unendlich stolz auf sich, auf ihre Leistung, es doch gewagt und geschafft zu haben.

Nur durch sie wurde die Situation für mich zu einem perfekten Augenblick. Weil ich einen Menschen aus einer unmöglichen Situation befreien und ihm helfen konnte, über eine Schwelle zu gehen, die für ihn eigentlich unüberschreitbar war. Alleine hätte diese Frau es nicht gekonnt; nicht mal aus Scham vor ihren in Mannschaftsstärke versammelten Kollegen wäre sie auch nur einen Schritt in die Tiefe gegangen. Ich habe sie danach nie mehr wieder gesehen, aber unsere Begegnung werde ich nie vergessen. Im Erleben des perfekten Augenblicks lächelt die Seele.

Diese Nacht in New York hat mir wieder einmal klar gemacht: Jeder kann seine Ängste überwinden und den entscheidenden ersten Schritt nach vorne machen. Manchmal braucht es dazu eine helfende Hand, manchmal einen kleinen Schubs. Unsere Stärken und Schwächen sind so verschieden, wie wir selbst. Was dem einen leicht fällt, ist für den Anderen kaum zu schaffen. Dann aber dem Gegenüber die helfende Hand entgegenzustrecken kann ebenso erfüllend sein, wie nach der rettenden Hand zu greifen. Wir müssen es nur tun.

PLANEN
UND DEM
LEBEN SINN
GEBEN

Da, wo ich mich jeweils befinde,
ist mein Ausgangspunkt. Ich stehe immer
am Anfang und bin nie im Ziel.

JOCHEN SCHWEIZER

EINE REISE, DIE NIE ZU ENDE GEHT

Jeder Tag ist ein neuer Anfang

Jetzt könnte ich zufrieden sein, denn ich habe erreicht, was ich wollte. Die Firma wieder hochgezogen, die Partner ausbezahlt und meine Idee vom Handel mit Erlebnissen in die Tat umgesetzt. Jetzt könnte ich mich entspannt zurücklehnen, das Unternehmen allein meinem Management überlassen oder verkaufen.

Aber die vergangenen Jahre haben mich verändert. Ich glaube nicht, dass ich mit einem Leben als Ocean-Kajaker oder Freeride Skier noch zufrieden sein könnte. Alles im Leben hat seine Zeit. Und ich muss anerkennen, dass ich mit knapp 60 Jahren nicht mehr die gleichen körperlichen Möglichkeiten habe wie früher. Die vergangenen zehn Jahre waren ein harter, lehrreicher Weg. Ich meine, nun einiges verstanden zu haben, und in meinen Gedanken formulieren sich neue Ziele. Es haben sich neue Möglichkeiten ergeben, an denen ich mich versuchen will. Es geht immer weiter, nach vorne, in die Zukunft. Ich bin zufrieden mit dem, was meine Mitarbeiter und ich gemeinsam geleistet haben und freue mich auf alles, was wir in den kommenden Jahren noch alles umsetzen werden. Wir haben uns viel vorgenommen. Zwischen den Zeilen dieses Kapitels werden Sie ein bisschen Stolz spüren und vielleicht ist auch dies ein Funke, der das Feuer für eigene Projekte in Ihnen entzündet.

Allenfalls ein paar Tage lasse ich jetzt locker und gehe paddeln – zumeist nach Norwegen, in die Inselwelt Soerlandets, wo auf meinem „heiligen Felsen", meine „Hytte", mein „Fritidshuset" steht, ein einfaches Holzhaus über dem Skagerrak. Dort tanke ich auf, regeneriere und komme zumeist mit ein paar neuen Ideen zurück. Denn endlich frei zu sein bedeutet tatsächlich, jetzt wieder richtig gefährlich zu leben. Und damit auch ein Stück intensiver. Unternehmer zu sein heißt ja zunächst einmal: noch mehr Arbeit zu haben. Jetzt habe ich keine Gesellschafter mehr, die mir aus Sorge um ihr eigenes Geld unter die Arme greifen, wenn es mal nicht läuft. Meine Firma, die in den Stürmen nach Dortmund beinahe gesunken wäre, segelt wieder hart am Wind auf offener See. Aber genau dafür werden Schiffe ja gebaut – und dies ist ein gutes, stabiles, sturmerprobtes Schiff mit einer tollen Besatzung und einem Kapitän, der schon über viele Meere gesegelt ist. Damit das auch so bleibt, habe ich ein besonderes Ritual eingeführt: Einmal im Jahr lade ich meine Führungsmannschaft auf meine Hütte nach Norwegen ein. Das alte Holzhaus ist überhaupt nicht luxuriös, dafür umgeben von Natur pur; wir müssen uns komplett selbst versorgen und das Trinkwasser von einer nahe gelegenen Quelle holen.

Schon die Reise dorthin sorgt für den nötigen Abstand zum Tagesgeschäft: Die letzte Etappe zur Hytte kann man nur zu Fuß zurücklegen. Die Abgeschiedenheit ist perfekt für völlig ungestörte Diskussionen, und wenn die Kollegen in der Firma uns doch einmal dringend brauchen sollten – alle modernen Kommunikationsmittel sind vorhanden. Vormittags besprechen wir die geschäftlichen Themen: Was erwarten unsere Kunden und Gäste von uns? Was sind unsere Stärken und Schwächen? Stimmt unsere Struktur? Wo stehen wir heute, wie sehen wir den Wettbewerb, welche Projekte in den verschiedenen Geschäftsbereichen nehmen wir uns vor? Wo sehen wir Risiken und wie gehen wir mit ihnen um? Neben meinen Leuten diskutieren meistens auch unsere „Granden" mit – erfahrene Unternehmens-Kapitäne in Pension, die als Freunde und langjährige Begleiter unserer Firma wertvolle Ratschläge und interessante Ideen einbringen. Ab dem späten Nachmittag entspannen wir uns, wir fahren hinaus aufs Meer und erkunden die Fjorde der Umgebung. Zum Abendessen gibt es selbst gefangenen Fisch, oder wir fahren in eine der landestypischen Kneipen, die man nur per Boot erreichen kann. In dieser einzigartigen Umgebung und Atmosphäre brüten wir oft genug die Ideen aus, die wir dann am Folgetag weiter erörtern.

Der große Abstand zur Hektik des Alltags und die Konzentration ganz auf uns sorgen dafür, dass die Diskussionen wirklich offen und vorbehaltlos geführt werden. Neue Ideen bekommen den nötigen Raum, sie müssen nicht aus Zeitdruck von der Tagesordnung gestrichen oder gar abgewürgt werden, bevor sie ihr volles Potenzial entfaltet haben. Sollten wir doch einmal mit einem Thema nicht fertig werden, verteilen wir die Aufgaben und legen Termine fest, an denen wir erneut darüber reden wollen.

Für mich ist der jährliche Norwegen-Gipfel jedesmal ein wegweisendes Erlebnis – und eine echte Herausforderung. Denn nirgendwo werden meine Gedanken und Pläne intensiver geprüft und hinterfragt als hier. Aber so muss es auch sein, denn das Ergebnis dieser intensiven Tage ist nichts Geringeres als unsere Leitlinie in die Zukunft.

Ich glaube, dass eine solche jährliche Klausur für jeden hilfreich und notwendig ist. Man braucht dafür keine Hütte in Norwegen, sondern nur irgendeinen Ort, der weit genug weg ist von dem, was man jeden Tag sieht. Andere Räume, eine andere Landschaft sorgen dafür, dass man die Dinge plötzlich in einem neuen Licht sieht. Egal, ob Sie beruflich oder privat vorankommen wollen – planen Sie solch einen Tapetenwechsel, eine Auszeit zur Selbstbefragung fest ein, und sei sie noch so kurz. Und haben Sie den Mut, bei so einer Gelegenheit sich selbst gegenüber offen zu sein oder sich von anderen, vertrauten Menschen auch unbequeme Wahrheiten sagen zu lassen. Nur dann wird Ihnen Ihre ganz persönliche Leitlinie klar werden.

Mir und meinen Mitstreitern hilft diese Klausur dabei, neue Kontinente zu entdecken. Denn die Möglichkeiten des Geschäftsmodells, das ich einst auf einem DIN A4-Blatt skizzierte, haben wir bislang allenfalls zu einem Teil erschlossen. Um das zu erkennen, braucht man nur einmal auf unsere Nachbarmärkte zu schauen: In Frankreich zum Beispiel realisiert der Marktführer für Erlebnisgeschenke im Jahr 2014 2,60 Euro pro Kopf der Bevölkerung, in Belgien sind es sogar 5 Euro. Und in Deutschland? Knapp 1 Euro! Bei unseren Nachbarn gibt es Erlebnisgeschenke schon seit Längerem, der Markt ist „erwachsen", wie man sagt. Aber hierzulande hat die Entwicklung erst sieben, acht Jahre später begonnen. Wenn sich das Geschäft genauso entwickelt wie in diesen Nachbarländern, können wir unseren Umsatz mit Geschick und den richtigen Entscheidungen verfünffachen!

Das große Potenzial, das dieser Markt noch birgt, begründet sich vor allem auf einem tief greifenden Wandel unserer Gesellschaft, in der nicht mehr „Besitzen", sondern „Erleben" im Vordergrund steht. So kommt die US-Studie "The Science Of Why You Should Spend Your Money On Experiences, Not Things" zu dem Ergebnis, dass Erlebnisse nachhaltiger als Gegenstände sind: „But over time, people's satisfaction with the things they bought went down, whereas their satisfaction with experiences they spent money on, went up."

Und das spürt man. 2015 verkaufen wir über 700.000 Erlebnisse, per Internet, in unseren 40 eigenen Shops mit individueller Beratung, an mehr als 7500 Platzierungen im stationären Einzelhandel (wie zum Beispiel den 800 Postbank-Filialen) und über unser Callcenter.

Aus dem alten Pappkarton der Ultimate Experience Box ist längst eine schöne, haptisch ansprechende Metallbox geworden, die so gut aussieht, dass bereits das Verschenken zum Erlebnis wird.

Aber was geschieht eigentlich mit dem Empfänger des Erlebnisgeschenks, dem oder der Beschenkten? Den möchten wir so von uns überzeugen, dass er zukünftig selbst Kunde wird und immer wieder zu uns zurückkommt.

Deswegen haben wir die sogenannte „Erlebnisgarantie" eingeführt. Sie erlaubt es jedem Kunden, anstatt des gutscheingemäßen Erlebnisses alternativ unter vielen anderen unserer Angebote frei auszuwählen. Wenn der Beschenkte partout nicht Fallschirmspringen will, kann er den Gutschein zum Beispiel auch für ein Wellness-Wochenende verwenden.

Am Empfang unserer Firma hängt ein großes Schild, das noch aus der Zeit stammt, als wir nur ein Dutzend Mitarbeiter waren: „Niemand muss uns buchen, hat er es aber getan, dann müssen wir ihm dafür dankbar sein und den bestmöglichen Service bieten. Wir müssen jede Anstrengung unternehmen ihn zufriedenzustellen. Denn nur dann kommt der Kunde zurück und wir können wachsen." Diese Aussage von damals gilt bis heute unverändert fort.

Sie merken: das Planen hört für mich nie auf, auch dann nicht, wenn sich der Erfolg schon eingestellt hat. Wenn Sie einmal gelernt haben, Ihre Energie zu bündeln und auf das zu richten, was hinter dem Horizont wartet, dann werden Sie immer unterwegs sein und sich lebendig fühlen. Durch eine klare Zukunftsorientierung werden Sie die Fahrtrichtung Ihres Schiffes selbst bestimmen. Halten Sie Ausschau nach neuen Zielen und entwickeln Sie Methoden, diese zu erreichen. Der Lohn für Ihre Arbeit: Einen Sinn im Leben zu haben und dadurch glücklicher und zufriedener zu werden. Wie heißt es in Marc Aurels „Selbstbetrachtungen" so schön: „Es liegt in deiner Macht, dass dein Leben glücklich dahinfließt, wenn du nur dem rechten Weg folgen und auf diesem urteilen und handeln willst."

Doch denken Sie immer daran: Ziele sind nicht statisch, sondern beweglich. Während wir versuchen, sie zu erreichen, verändern sie sich. Und damit verändern unsere Ziele auch uns selbst.

Und was erleben wir morgen?

Im Moment konzentrieren wir uns noch sehr auf die wichtige Konsumentenfrage: "Was schenke ich?" Und mit unserem Erlebnisgeschenk geben wir eine viel bessere und vor allem nachhaltigere Antwort auf diese Frage, als man dies mit gegenständlichen Geschenken tun könnte.

Aber Hunderttausende Menschen haben noch eine andere Frage, die wir ebenfalls sehr gut beantworten können, nämlich: „Was wollen wir eigentlich am Wochenende unternehmen? Oder, was machen wir morgen?"

Die Situation kennt doch jeder, vom Single bis zum Familienoberhaupt einer Großfamilie. Das Wochenende oder irgendein freier Tag steht vor der Tür, immer nur brunchen, joggen, spazieren gehen, shoppen oder mit den Kindern auf dem Spielplatz abhängen ist auch nicht die Lösung für die kostbare freie Zeit.

Deshalb soll unser Service nicht mehr nur für besondere Anlässe, Geburtstags- oder Weihnachtsgeschenke genutzt werden. Ich will das besondere Erlebnis fest in der Freizeitgestaltung der Menschen verankern.

Als Familienvater zum Beispiel gebe ich ganz einfach die Homepage www.jochen-schweizer.de in den Browser ein und wähle über eine simple Suchabfrage aus: ein Erlebnis mit Kindern und Tieren in Rostock, wo die Oma wohnt, oder in der näheren Umgebung des eigenen Wohnorts, morgen Nachmittag. Wenige Sekunden später habe ich eine Antwort auf seine Frage: Tierpfleger für einen Tag im Natur- und Umweltpark Güstrow, 908 Tiere aus 92 Arten warten darauf, gepflegt

und gefüttert zu werden. Und klick, ab in den Warenkorb damit. Was, ist erst für Kinder ab 15 Jahren? Und morgen schon
ausgebucht? Schauen wir doch mal weiter – Schwimmen mit
Robben kann man auch in der Nähe von Rostock! Perfekt!

Perfekte Momente erfordern perfekte Planung und Logistik

Jeder Mensch, der mit unserer Firma in Kontakt kommt, ob
nun Verschenker oder Beschenkter, ist ein potenzieller Kunde
von morgen. Mein Ziel ist es daher, dem Kunden genau das
zu bieten, was er sich wünscht. Deshalb arbeiten wir unentwegt daran, alle Vorgänge vom Kauf bis zum Erlebnis vor Ort
einfacher und intuitiver zu machen. Was wird gewünscht, wie
lässt es sich technisch umsetzen? Wie können wir zum Beispiel am Telefon am besten beraten?

Früher hatten wir wie so viele Unternehmen ein externes
Callcenter. Outsourcing nennt man das auf Neudeutsch. Wir
waren der Versuchung erlegen, die immer größer werden-
de Flut von Anrufen, die wir anfangs selbst bewältigt hatten,
kostengünstig an einen externen Dienstleister zu geben. Der
Nachteil: In solchen Großfirmen ist man immer nur just ano-

ther client, die Call-Agents sind auf viele verschiedene Themen und Firmen geschult. Die Beratungsqualität geht dabei ganz automatisch in vielen Fällen nach unten.

Wir haben uns einige schwierige Jahre später für den (teuren) Schritt entschieden, integriert in unsere Büroflächen ein eigenes Callcenter auf die Beine zu stellen. 35 Call Agents, allesamt handverlesene, gut geschulte Mitarbeiter, beantworten jetzt eine Viertel Million Anrufe pro Jahr. Selbst die Grundansagen habe ich persönlich eingesprochen – wenn ein Kunde heute anruft, hört er meine Stimme: „Hier spricht Jochen Schweizer. Herzlich willkommen..." Auch wenn der Kunde meist gar nicht weiß, dass ich es bin, der da zu ihm spricht – wir in der Firma wissen es, und es tut uns gut. Es hat uns noch ein Stück authentischer gemacht.

Das ist das Entscheidende: Authentizität und Wissen. Darum haben die 35 Call Agents wie alle anderen Mitarbeiter der Jochen Schweizer Gruppe auch eine eigene Mitarbeiterkarte, auf die wir jährlich Bonuspunkte für Erlebnisse aufbuchen. Mit denen können sie nach Belieben Erlebnisse aus unserem Angebot kaufen, was sie mit Begeisterung auch tun.

A corporate solution: Gemeinsame Erlebnisse sind der Kitt jeder sozialen Beziehung

Zugleich lernen diese Menschen, die täglich mit unseren Kunden sprechen, aus eigener Erfahrung, um was es bei uns geht. Wann immer ich kann, laufe ich über alle Flächen unserer 4000 Quadratmeter großen Büros, dann sehe und höre ich, welche Menschen für unsere Marke sprechen, handeln und sie in ihrer täglichen Arbeit prägen.

Wie und wo die Kunden mit uns in Kontakt treten, beobachten wir ganz genau. Die Mehrheit der Beschenkten terminiert die Einlösung eines Gutscheins bevorzugt online, gibt den Gutscheincode ein und kann auf der Homepage sofort einen fixen Termin an einem bestimmten Ort buchen – ganz so, als würde man eine Theater- oder Kinokarte buchen.

Wie das funktionieren kann? Wir produzieren einen Teil unseres Angebots selbst. Hier haben wir Zugriff auf alle relevanten Informationen wie Öffnungszeiten, Terminverfügbarkeiten und Grenzkapazitäten. Dieses System haben wir nach der Einführung und Erprobung in unseren eigenen Erlebnisbetrieben auf mehr als 1000 zuverlässige Erlebnispartner ausgedehnt. Aus diesem gewaltigen Datenpool bieten wir mehr als 130.000 Termine, verteilt auf über 1800 Erlebnisse an mehr als 10.000 Orten in ganz Europa an. Und das alles buchbar in Echtzeit.

Jetzt, da wir mit einem Millioneninvestment und nach einem dreijährigen Entwicklungsprozess die dafür erforderliche Software und Vernetzung geschaffen haben, können wir Erlebnisse auch schon im Verkaufsprozess zu vorvereinbarten, festen Terminen anbieten.

Wo kann ich kommenden Sonntag mit drei Freunden Fallschirmspringen gehen? Die Antwort liefert das System heute in Realzeit. Neben diesem termin- und ortsgebundenen „Ticket" ist der Fallschirmsprung dennoch weiterhin auch als offener Gutschein zu kaufen; Ort und Zeitpunkt der Einlösung bestimmt der Empfänger des Gutscheins später selbst.

Wer „JETZT" etwas erleben will, aber keinen Zugang zu seinem Laptop hat, für den stellen wir eine eigene Lösung bereit: die „Jochen Schweizer App". Sie macht Realzeitticketing für Erlebnisse in einem regional eingrenzbaren Gebiet – weil sie auf Wunsch den eigenen Standort erkennen kann – mobil möglich und liefert zukünftig auch gleich jede Menge nützliche Informationen rund um das Erlebnis. Und so entsteht um den Ursprungsgedanken ein ganzes Netz von Dienstleistungen, die es noch einfacher machen, etwas Besonderes zu erleben.

Zur Realisierung dieser Ideen brauchen wir die besten Fachleute, und sie zu finden ist nicht leicht, schließlich werden sie im Moment in allen Branchen sehr gesucht. Ich bin dafür ungewöhnliche Wege gegangen:

Einen Online-Marketing-Spezialisten, der uns vor Jahren in Richtung Asien verlassen hatte, hole ich mit einem sehr guten Angebot samt Familie zurück. Ich fliege eigens nach Bangkok, um ihn im Dachrestaurant des „Banyan Tree" zum Abendessen zu treffen und von einer Rückkehr zu überzeugen. Um noch mehr technische Kompetenz zu generieren, kaufe ich von der Scout 24 Gruppe ein ganzes soziales Netzwerk mit rund 340.000 Nutzern, Spontacts, über das man echte – nicht virtuelle! – Freunde für Hobby und Freizeit-Aktivitäten findet. Die cleveren Software-Entwickler arbeiten heute für unsere Firma Jochen Schweizer Technology Solutions, die sich mit der digitalen Weiterentwicklung beschäftigt, die gekaufte Plattform wächst kontinuierlich an.

Innovation bedeutet Zukunft

Eine Firma wie unsere lebt von neuen Ideen. Möglich machen sie die Köpfe und Menschen dahinter. Unsere Mitarbeiter gehören zu den kreativsten Köpfen ihrer Branche. Sie sind nicht nur extrem einfallsreich und findig, sondern auch flexibel genug, sich den ständig wechselnden Anforderungen der Kunden und des Marktes anzupassen. Ihre Ideen und Kreativität sind unsere Währung.

Um diese zu strukturieren und bestmöglich umzusetzen, habe ich 2007 die Jochen Schweizer Projects AG gegründet. Sie ist eine Art Think Tank und Zukunftsmaschine. Sie generiert nicht nur Erlebnisse, sondern auch ganze Erlebniswelten, kauft und entwickelt komplette Erlebniseinrichtungen.

Wir nennen das: „To make or to buy."

Denn neue Erlebnisdestinationen kann ich auf zwei Arten schaffen: Entweder, indem ich etwas dazukaufe (eine andere Firma, externe Dienstleistungen) und in deren Qualität viel weiteres Geld investiere, oder indem ich etwas Neues selber realisiere und anbiete. Es gibt zwar schon jede Menge tolle Ideen da draußen in der Welt, und viele davon bieten wir unseren Kunden bereits an. Aber manche Erlebnisse gibt's einfach noch nicht in der erforderlichen Qualität und Sicherheit – diese realisieren wir dann eben selbst.

Wie zum Beispiel das Bodyflying oder Indoor Skydiving, mittlerweile ein Klassiker in unserem Sortiment. Es macht den Traum vom Fliegen, den ich selbst mein Leben lang gehegt habe, zu einer für jeden erreichbaren Realität, ohne dass das Abheben etwas von seinem Zauber verliert. Bis es allerdings so weit war, mussten wir einen langen und teuren Weg gehen.

Auch der Flying Fox XXL ist eine Erlebnisanlage der Projects AG: eine der längsten und schnellsten Stahlseilrutschen der Welt. Das Seil spannt sich über einen Taleinschnitt in den Leoganger Steinbergen, man hängt in einem Drachenflieger-Gurtzeug und rauscht wie ein Vogel durch eine atemberaubende Landschaft. Weitere fliegende Füchse im Alpenraum haben wir bereits in Planung.

Und noch ein Kind der Projects AG ist auf Expansionskurs: „Base-Flying", eine Erfindung für Leute, die nach Bungee Jumping und House Running noch immer nicht genug haben, etwas Neues suchen und denen echtes Base Jumping, also das Fallschirmspringen aus geringen Höhen, aus guten

Das Gefühl des Fliegens für jedermann erlebbar machen: Flying Fox Leogang, Österreich

Gründen zu gefährlich ist. Das Prinzip ist einfach: Angeseilt an eine Spezialkonstruktion fliegt man aus 125 Metern Höhe vom Dach des Park Inn Hotels in Berlin. Beinahe erreicht man Freifallgeschwindigkeit, also etwa 180 Stundenkilometer, dann wird man 16 Meter über der Landeplattform automatisch abgebremst. Ein Adrenalinstoß der Extraklasse!

Schon jetzt sind wir mit Interessenten aus ganz Europa im Gespräch, weitere und noch höhere Anlagen in den großen Metropolen zu bauen.

Und es geht noch mehr – Die Jochen Schweizer Welt

Mit der Erfindung und Realisierung neuer Erlebnisse, die wir in unser Gesamtangebot integrieren, ist aber immer noch nichts wirklich ausgereizt. Inzwischen arbeitet die Jochen Schweizer Projects AG nicht mehr nur an der, wenn man so will, „Software" meiner Ursprungsidee, dem Erlebnis, sondern sie baut an einer neuen Hardware dafür: der Jochen Schweizer Arena. Das ist nicht einfach eine weitere Erlebniswelt, der Begriff ist verbrannt – so nennt sich ja heute jede besser geführte

Tankstelle, weil sie einen Kinderspielplatz bietet und ein paar Daddelautomaten. Die Jochen Schweizer Welt wird ein Ort sein, an dem man Dinge tun kann, für die ich mit meinem Namen stehe: frei fliegen, Wellenreiten, Klettern, eigene Ängste überwinden und mutig sein, sich ausprobieren und verausgaben, authentische Erlebnisse mit den Menschen zu teilen, die uns wichtig sind. Insbesondere mit der Familie.

Den Grundstein haben wir gerade gelegt, in Taufkirchen bei München, auf dem Gelände der Airbus Group. Ich bin ja seit langer Zeit fest davon überzeugt, dass alle Menschen fliegen können müssen, und da schien mir ein Flugzeughersteller genau der richtige Partner für meinen nächsten großen Schritt zu sein.

Auf einer Fläche von 15.000 Quadratmetern entsteht ein zentrales Gebäude, dessen Grundriss aussieht wie ein stark vergrößerter dreiblättriger Propeller. Darin: Eine Flugwelt, Body Flying in einem der besten und energie-effizientesten Windkanäle der Welt.

Eine Surfwelt, die echtes Wellenreiten mit einer künstlichen Welle simuliert. Ein Hochseilklettergarten und eine Kletterwand. Dazu eine Veranstaltungslokation für Firmenevents oder sogenannte „Public Events". Mit Firmenevents meine ich alle branchenüblichen Kategorien von Firmenveranstaltungen die wir mit einer eigenen Tochtergesellschaft – der JS Corporate Solutions GmbH – vermarkten: Unter dem Motto „Erlebnis bringt Ergebnis", dienen Teambuilding, Betriebsausflug, Incentive, Tagungen, Seminare, Produktschulungen und Weihnachtsfeiern von Jochen Schweizer dem übergeordneten Ziel: Die Mitarbeiter und Kunden unserer Auftraggeber emotional an diese zu binden.

Eine Weihnachtsfeier mit Wellenreiten oder freiem Fliegen, das gibt es nur bei Jochen Schweizer. Und im Zentrum der Propellerblätter steht ein Cross-Over-Restaurant, für das ausschließlich lokal eingekauft werden wird. Alles, was wir hier anbieten, wird seine ganz eigene Geschichte haben, und wir werden sie leben und erzählen. Und ich bin mir sicher: Die hohen Investitionen, die wir bis zur Eröffnung tätigen, werden sich lohnen. Weil dieses Projekt die Sehnsucht nach besonderen Erlebnissen, nach perfekten Augenblicken erfüllen wird.

Jochen Schweizer worldwide?

Unsere Ideen waren schon in der Event-Agentur-Zeit überall auf der Welt gefragt. Wir haben ein Indy 500-Auto an eine Hochhausfassade in Indianapolis geschraubt, und ich bin in Taipeh mit meinen Vertical-Catwalk-Mädels von einem der höchsten Wolkenkratzer der Welt, dem Taipei 101, hinuntergetanzt.

Immer wieder wird mir deshalb ungefragt geraten, ich sollte meine Firma doch international aufstellen. Geradezu bedrängt werde ich; erst neulich hat mich jemand nach einem meiner Vorträge angesprochen, ich solle doch auch in China Geschäfte machen, die Erfolgschancen für ein Unternehmen wie das meine seien dort unglaublich!

Aber noch werden wir nicht internationalisieren, vielleicht werden wir es niemals tun. Warum auch? Wir haben die Grenzen des Wachstums im deutschsprachigen Raum noch nicht annähernd erreicht! Also schöpfen wir doch erst einmal die Möglichkeiten hier aus, in unserer Heimat.

Ich habe einmal gesehen, wie ein Mann, zu dem ich aufschaute und dem ich unendlich viel verdanke, sein Geschäft strategisch überdehnt hat. Er wollte eine Firmengruppe, ein Reich, in dem die Sonne nie untergeht. Seine Sonnenkönig-Vision hat ihm schließlich das Genick gebrochen, die Logistik war einfach zu gewaltig geworden, das Geschäft brach zusammen, sein Geschäftsführer beging Selbstmord, und am Ende musste er sogar mich um Geld bitten. Mein Guru, von dem ich immer gesagt hatte: So will ich auch mal werden, so großzügig, so erfolgreich, so weltoffen!

Es lohnt sich, an das vermeintlich Unerreichbare zu denken und es manchmal wahr zu machen. Ein verwirklichtes Zwischenziel: Die Jochen-Schweizer-Arena eröffnete im März 2017 in Taufkirchen bei München.

Sein Fall, diese frühe Erfahrung vom Ende der 1970er Jahre, hält mich bis heute davon ab, mein angestammtes Terrain zu verlassen. Ich könnte morgen in China aufmachen. Aber ich tue es nicht. It's better to be a big fish in a small pond than to be a small fish in a big pond – Besser der große Fisch im kleinen Teich, als umgekehrt.

Steht das im Widerspruch zu dem, was ich einleitend geschrieben habe? Dass man immer weitergehen muss, immer auf dem Weg ist und nie im Ziel?

Ich glaube nicht. Denn am Ende des Tages geht es um die Qualität des eigenen Lebens. Spend some time alone every day, rät der Dalai Lama. Anstatt noch mehr Zeit im Flugzeug und anschließend in Meetings zu verbringen, nehme ich mir die Zeit für mich selbst, für meine Familie und für meine Freunde. Und: Ich gehe in Stille paddeln. Dass ich dessen ungeachtet hart arbeite, versteht sich von selbst – das ist in erster Linie Ergebnis einer inneren Haltung, und danach eine Frage der Selbstorganisation.

Deswegen bleibe ich zunächst hier, im deutschsprachigen Markt mit seinen 100 Millionen Kunden. Zum Beispiel im Zentrum Europas, in Berlin: Auf dem letzten großen, freien Grundstück in unmittelbarer Nähe zum Alexanderplatz entsteht VOLT, eine Kombination aus Shopping Mall, Hotel und – Jochen Schweizer Welt! In einem Bereich des Gebäudes werden wir über alle Stockwerke einen gläsernen Windkanal fürs Bodyflying bauen. Am anderen Ende des 35.000 Quadratmeter großen Gebäudes werden wir eine weitere stehende Welle installieren. Wellenreiten mit Blick auf den Alexanderplatz – das ist abgefahren!

Vorbild ist die Welle im Münchner Eisbach, wo jeden Sommer die Tollkühnen Schlange stehen, um Hunderte Kilometer von der nächsten Küste entfernt zu surfen. Demnächst wird man auch mitten in der Hauptstadt ozeanische Gefühle bekommen können – Surfin' Berlin!

Um uns in unserem Tun wirklich gut zu fühlen, brauchen wir eine ausgewogene Balance zwischen Gegenwart und Zukunft. Im Idealfall genießen wir den Moment, in dem wir uns gerade befinden, und formulieren von dort aus unsere Ziele. Schrecken Sie nicht vor der Zukunft zurück, aber stürzen Sie sich ihr auch nicht planlos entgegen, sonst verlieren Sie sich selbst. Gehen Sie klar und entschlossen Ihren Weg weiter, nehmen Sie bewusst wahr, was Sie schon geleistet haben, genießen Sie die Gegenwart mit allen Sinnen und führen Sie sich ganz konkret vor Augen, was Sie noch erreichen wollen.

Und manchmal lohnt es sich, entschlossen „Nein" zu sagen. Es geht darum, aus der Vielzahl der Möglichkeiten die richtige zu wählen.

Wie kann das konkret aussehen? Inhaltlich sind natürlich alle Lebenspläne verschieden. Aber die erfolgreiche Struktur ist immer gleich: Wenn Sie sich an Ihre Zukunftsplanung machen, entwickeln Sie mehrere Optionen, aus denen Sie flexibel immer wieder wählen können, wenn Sie mal nicht weiterkommen.

Setzen Sie Prioritäten! Es muss nicht alles jetzt und sofort geschehen. Überfordern Sie sich nicht, das entfernt Sie nur von sich selbst. Unterscheiden Sie kurz-, mittel- und langfristige Ziele. Die Zeitspannen dafür legen Sie selbst fest. Denn jeder Mensch hat ein anderes Empfinden für Abläufe – der eine braucht schneller sichtbare Ergebnisse als der andere. Achten Sie darauf, Ihre Ziele konkret und erreichbar zu formulieren! „Ich will noch in diesem Jahr an einer Mars Expedition teilnehmen" wird nur den allerwenigsten von uns gelingen. Gestalten Sie Ihre Planung realistisch auf der Basis Ihrer Möglichkeiten. Setzen Sie sich messbare, überprüfbare Ziele und fixieren Sie genaue Termine. Eine gute, realistische Planung ist bereits die halbe Strecke zum Ziel! Aus dieser Sicherheit heraus können Sie stark und selbstbewusst in die Tat umsetzen, was Sie sich vorgenommen haben.

GENIESSEN

MOMENTE, DIE UNS REICHER MACHEN

Carpe diem!

HORAZ

Für was es sich lohnt zu leben

Der Wert von Geld

„I've been rich and I've been poor – rich is better". Ich bin 15 Jahre alt, als ich diesen Spruch auf T-Shirts drucken lasse – ziemlich großkotzige Ansage für einen Halbstarken. Damals kenne ich nur eine Seite der Medaille, die schlechtere. Weil meine Mutter mir kein Taschengeld geben kann, muss ich mein Geld selbst verdienen. Zunächst klappere ich Baustellen nach Pfandflaschen ab – das läuft nicht schlecht. Aber zu schnell finde ich Nachahmer, meine Quelle versiegt, ich muss mir etwas Neues überlegen. Weil mir die Suche nach den leeren Flaschen ohnehin zu aufwendig ist, suche ich etwas Rationelleres – und stoße auf die neue Textildruck-Technik, mit der man T-Shirts individuell bedrucken kann. Heute gibt es solche Läden an jeder Ecke, man bringt seine eigenen Fotos oder einen coolen Spruch mit und druckt sie mit Hilfe eines Computers in Nullkommanichts auf den Stoff. Anfang der siebziger Jahre weiß man von all dem noch gar nichts, und so entwickelt sich mein durch und durch analoger T-Shirt-Druckservice prächtig. Mein Erfolgsgeheimnis sind die von mir selbst entwickelten Motive und Gagazeilen wie „Freiheit für Luis Trenker – nieder mit dem Watzmann!" Der Spruch mit reich und arm gehört auch dazu.

Anders als damals kann ich heute, gut 40 Jahre später, sagen: Es ist etwas Wahres dran – rich is better. Aber im Gegensatz zu manch anderem, der sich auf sein oft nicht selbst verdientes Geld etwas einbildet, vergesse ich nie, wo ich herkomme – ich hatte genug Phasen in meinem Leben, in denen ich Geld nur in Form der Abwesenheit kannte. Es erleichtert vieles, wenn man finanzielle Mittel hat, die man sinnvoll einsetzen kann. Deshalb hat der Spruch bis heute eine gewisse Gültigkeit für mich behalten. Geld hilft dabei, nicht nur sich selbst, sondern auch anderen zu helfen. Die eigene Lebensqualität zu steigern. Seiner Familie, seinen Kindern ein guter Versorger zu sein und ihnen zu besseren Zukunftschancen zu verhelfen.

Ich rede jetzt nicht von Prasserei und Angeberei – bis heute hasse ich Verschwendung, vermutlich, weil ich selbst von klein auf jeden Pfennig, später jeden Cent hart erarbeiten musste. Für mich ist Geld nichts anderes als gespeicherte Energie. Ich investiere geistige und körperliche Kraft, Kreativität, Einfallsreichtum und nicht zuletzt tägliche harte Arbeit in das, was ich tue. Damit erzeuge ich Wertschöpfung, und im Gegenzug akkumulieren sich bei mir die liquiden Mittel. Die gebe ich wieder zurück in den ökonomischen Kreislauf, indem ich meine Firma vergrößere, neue Arbeitsplätze schaffe, Geld an gemeinnützige Projekte spende – oder mir etwas Schönes kaufe: eine teure Uhr, ein schnelles Auto, eine ausgefallene Reise, beispielsweise zum Heliskiing nach Kanada. Bei solchen Anschaffungen oder dieser Art persönlichen Konsums habe ich überhaupt kein schlechtes Gewissen, schließlich habe ich es mir verdient, es ist meine Energie, meine Leistungsfähigkeit, die darin stecken. Mein Lohn für die harte Arbeit.

Ich genieße dabei aber nicht nur die Tatsache, dass ich mir etwas leisten kann, was mir Freude bereitet. Ich bin gleichzeitig froh, dass die Essenz meiner Arbeit auch anderen Menschen ein positives Erlebnis ermöglicht und deren Leben nachhaltig bereichert.

Womit ich mein Geld verdiene, ist etwas, an das ich selbst von ganzem Herzen glaube. Ich habe selbst die Erfahrung gemacht, dass teure Gegenstände, gegenständliche Attribute des Erfolgs, mein Leben nicht dauerhaft besser oder reicher machen. Ich bewohne keine spektakuläre Villa, mein Haus ist nicht ganz klein, aber etwas altersschwach, es knarzt, die Fenster sind nicht ganz dicht, es gibt keine Fußbodenheizung und eine Einbauküche von der Stange. Das eigentlich Wertvolle an diesem Haus ist nicht die Wohnfläche oder die Ausstattung, sondern die Stimmung in seinen Räumen und das Grundstück, auf dem es liegt. Einige hundertjährige Buchen stehen darauf, von meinem Schreibtisch aus blicke ich auf das geschwungene Dach eines asiatischen Yogahauses, das ich habe bauen lassen, den Koiteich im japanischen Garten und die umliegenden Bäume – es fühlt sich an wie eine Lichtung in einem stillen, alten Wald. Hier habe ich einige der schönsten Stunden meines Lebens mit meiner Familie verbracht – das ist der wahre Luxus für mich.

Was Genuss ist – diese Frage ist ähnlich komplex und vielschichtig wie die nach dem einzigartigen Erlebnis. Jeder von uns wird sie anders beantworten. Für die einen ist es die teure Uhr, das schnelle Auto, für den nächsten die lang ersehnte Urlaubsreise, das Entdecken ferner Länder. Für wieder einen anderen ist es die Zeit mit der Familie, den Kindern, den Enkeln. Meist ist es etwas, von dem wir zu wenig haben. In der Verknappung liegt der Reiz. Das müssen wir begreifen, damit wir lernen, mit Genuss richtig umzugehen. Würde Ihnen heute jemand zehn Millionen Euro schenken, damit Sie sich all ihre Wünsche erfüllen könnten – glauben Sie mir, schon nach wenigen Tagen würden Ihre Wünsche ganz andere werden und mit Geld allein nicht mehr zu erfüllen sein.

Was auch immer Ihre Wünsche sein mögen: Genießen Sie das Leben und erleben Sie Momente der Freude! Das ist ebenso wichtig, wie einen Sinn, ein Ziel und eine Aufgabe im Leben zu finden. Denn das eine ist der Treibstoff für das andere. Die Dinge, die uns Freude bereiten, die Momente, die wir für immer festhalten möchten, sind die Quellen der Kraft, aus denen wir die Motivation für unsere Leistungen ziehen.

Finden, was einen erfüllt

Vielleicht ist auch das ein Grund, warum mir meine Arbeit so viel Spaß macht und mir noch mehr zurückgibt, als ich in sie investiere: Weil ich weiß, dass mein Produkt Genuss für viele Menschen ist.

Denn Erfolg ist viel mehr, als nur einen Haufen Geld zu verdienen. Erfolg ist für mich die Summe vieler Dinge: das eigene Leben entwickeln zu können, gesund zu bleiben, wirtschaftlich unabhängig zu werden und es zu bleiben, sich um die Familie kümmern und die Kinder unterstützen zu können, intakte soziale Beziehungen zu haben.

Materieller Besitz ist nicht das Entscheidende. Ich freue mich an dem Japanhaus in meinem Garten, aber wichtig ist nicht, dass es mir gehört, sondern dass ich Zugang habe zu diesem besonderen Ort.

So geht es mir mit vielen Dingen im Leben: Sie müssen mir nicht gehören, damit sie mich bereichern, ich muss an ihnen nur teilhaben können. Mein beruflicher Erfolg hat mir diese Zugänglichkeit natürlich erleichtert. Und was ist die entscheidende Grundlage dieses Erfolgs gewesen?

Einige Parameter habe ich genannt. Das Schwierigste und Wichtigste im Leben ist es, das ureigene Talent in sich selbst zu entdecken. Und den Mut zu haben, es zur Entfaltung zu bringen. Mein Talent ist es, Menschen dazu zu bringen, Dinge zu tun, die sie nicht tun würden, wenn sie mir nicht begegnet wären. In meiner Schulzeit war ich entweder Anführer oder Einzelgänger – je nachdem, ob es mir gelang, meine Mitschüler mit einer Idee anzustecken oder nicht. Wollte niemand mittun, habe ich meinen Plan keinesfalls fallen gelassen – ich ging meinen Weg dann eben allein.

Es hat eine Weile gedauert, bis ich reflektiert genug war, auch als Unternehmer an mein Talent, meine Bestimmung zu glauben. Erfüllung ist nicht abhängig vom Einkommen, sondern von der Sinnhaftigkeit des eigenen Tuns. Und damit meine ich nicht, ob andere es als sinnhaft erachten, was Sie tun – vielmehr geht es um Ihren Blick auf sich selbst.

Langfristiger Erfolg beruht zu einem guten Teil darauf, authentisch in der eigenen Mitte zu sein, in der von der Natur für Sie vorgesehenen Position. Im Buddhismus und Hinduismus gibt es dafür den vielschichtigen Begriff des „Dharma". Er bezeichnet die Summe aller kosmischen Gesetze, aber auch Vorstellungen von Recht, Sitte, ethischen und religiösen Pflichten spielen hinein.

Ich glaube, darauf basiert der Erfolg meiner Firma: dass sich in unserem Produkt, in unserer Marke mein persönliches Dharma manifestiert. Außenstehende würden vielleicht sagen, entscheidend sei gewesen, dass ich hart arbeiten kann, dass ich zum richtigen Zeitpunkt die richtigen Leute entdeckt, eingestellt und an der richtigen Position im Unternehmen gefördert habe, dass ich einige wegweisende Entscheidungen gefällt habe, die sich als richtig erwiesen haben. Ich sage: Alles richtig, aber am Ende nicht entscheidend. Mein Dharma, meine Funktion in diesem Leben ist es, Menschen zu motivieren, Dinge zu tun, die sie nicht tun würden, wenn sie mir nicht begegnet wären. Und dieses Dharma erfüllt sich in der Marke „Jochen Schweizer". So wie ich als Person das Leben von ein paar Hundert, vielleicht sogar ein paar Tausend Menschen ganz direkt beeinflusst, berührt oder sogar verändert habe, so ist die Marke „Jochen Schweizer" inzwischen für Millionen von Menschen eine Bereicherung und zum Ort der Inspiration geworden. Allein im Jahr 2014 haben 600.000 Deutsche etwas mit Jochen Schweizer erlebt – das ist fast ein Prozent der Gesamtbevölkerung. Ich bin überzeugt, dass 99 Prozent meiner Kunden diese Begegnung als positiv, funktionierend, inspirierend und bereichernd erlebt haben. Daraus entsteht mein Wunsch, immer weiterzumachen.

Was uns Freude macht, was wir wirklich genießen, bereichert zusammen mit unseren Träumen, Wünschen und Zielen unser Leben. Wenn Sie sich an dieser Stelle einmal ganz konkret fragen, was Genuss für Sie bedeutet, werden Ihre Antworten eng verbunden sein mit dem, was Sie sich am Anfang dieses Buchs auf die Frage nach Ihren Träumen überlegt haben. Schaffen Sie sich solche Genuss- und Glücksmomente! Wir brauchen sie alle regelmäßig, sie erst machen das Leben lebenswert. Und je mehr wir sie auskosten, je nachhaltiger sie in unserer Erinnerung verankert sind, umso besser lässt sich von ihnen zehren. Versuchen Sie, die Dinge ganz konkret zu benennen, die Sie glücklich machen. Oft werden das keine Gegenstände sein, nicht die neue Handtasche oder das schicke Telefon; die Freude daran hält meist nicht allzu lange vor. Viele Studien zeigen, dass die intensivsten Genussmomente aus dem Bereich der Kulinarik oder Freizeitgestaltung stammen. Erlebnisse also, die uns länger im Gedächtnis bleiben oder die wir mit anderen teilen können. Gemeinsam Erlebtes schafft eine soziale Bindung, die allein durch gemeinsamen Konsum niemals zu erzeugen wäre.

Planen Sie Freude ein! Investieren Sie in Genussmomente und freuen Sie sich darauf! Der Satz „Vorfreude ist die schönste Freude" mag wie eine Binsenweisheit klingen, aber er hat einen entscheidenden Vorteil: Er stimmt einfach. Sicher, es mag miese Tage geben, an denen Sie nichts und niemand aus der Versenkung Ihres Sofas locken kann und Sie sich vom Fernsehen berieseln lassen. Umso wichtiger ist es, besondere Momente fest in das eigene Leben zu integrieren und zu planen. Nur so schlagen Sie dem Alltag, der Wucht täglicher Routinen und auch dem inneren Schweinehund ein Schnippchen. Bringen Sie Spannung in das Alltägliche. Gezieltes Erleben statt einfachem Dahinleben soll Ihre Devise ab heute sein.

Die Manifestation des Unbewussten:
Fahrbereit steht die Unerreichbare in meinem Büro.

Träume leben

Schon seit Jugendjahren genieße ich das Motorradfahren wie wenig
anderes in meinem Leben. Für mich war es ein Ventil in der Enge
meines Zimmers und der Schule, es war die Möglichkeit, all den Kon-
ventionen zu entfliehen, die uns beschränken. Wenn ich auf meinem
Motorrad saß, war ich unerreichbar, es gab nur die Straße, meine
Maschine und mich. Es war ein unglaublich intensives Gefühl gefährlich gelebter Freiheit.

Ich erinnere mich gut daran, wie ich als junger Motorradfahrer
in Heidelberg von einer bestimmten Maschine träumte, die aber unerreichbar für mich war. Mein eigenes Gerät war auch schon nicht
schlecht, eine 350er Yamaha, dunkelblaue Vollverkleidung, Höcker-
sitzbank, getönte Scheibe, Kastenschwinge mit Konis und zurück-

versetzten Fußrasten, und auf dem Tank stand der Markenname in silbernen, japanischen Lettern. Damit fuhr ich auf der legendären Bergrennstrecke in Zotzenbach, nördlich von Heidelberg, als Halbstarker auf Leben und Tod.

Aber mein Traum war eine Ducati Darmah SD 900. Damals hatte ich keine Ahnung, was der Name bedeuten könnte und ob er, wenn auch anders geschrieben, etwas mit meinem Dharma zu tun hätte. Ich fand sie nur einfach wahnsinnig schön – mit dem Leopardenkopf auf dem Seitendeckel, den offenen 52er Vergasern, den Lafranconi-Endrohren und diesem V-Motor mit seinen wahnsinnigen Vibrationen. Sie hat eine ganz besondere Ventilsteuerung – die Desmotronik. Über die nach dem Ingenieur, der sie erfand benannte „Königswelle" steuert sie die Ventile präziser, als herkömmliche Ventilsteuerungen. Und das macht diesen harten, männlichen Sound. Wenn man sie anlässt, dann schüttelt es einen erst einmal durch, Vibration und Klang gehen direkt in den Solarplexus.

Ein 194 kg schweres „Eisenschwein" ist sie – aber für mich völlig unerreichbar. Meine Yamaha hatte ich als gebrauchte 250er für 1700 D-Mark gekauft und anschließend auf 350 ccm aufgerüstet, die Ducati kostete neu beinahe das Zehnfache. Aber ich hatte mir einen Verkaufsprospekt besorgt, der mich von da an über viele Jahre immer begleitete; mal lag er nur herum, eine Zeit lang klebte er am Kühlschrank, irgendwann verschwand er und tauchte bei einem Umzug Jahre später wieder auf. Und mit diesem Bild blieb die Darmah unterschwellig immer präsent.

Jahrzehnte später, als ich für meine Firma ein Außenlager suche, komme ich zu einem Landwirt im Umland von München. Er zeigt mir eine alte Scheune, in der ein riesiger Berg leerer Kartoffelsäcke lagert. „Die müsst ihr halt rausräumen, dann habt ihr Platz genug", sagt der Bauer, und wir werden uns schnell handelseinig. Als wir die Säcke beiseiteschaffen, traue ich plötzlich kaum meinen Augen – da steht sie, eine Ducati Darmah SD 900. Mindestens 20 Jahre hat sie vergessen in der Scheune geschlafen, ist komplett festgerostet, aber alles an ihr ist original.

Wie ein Geschenk des Himmels wird mein Jugendtraum plötzlich wahr. Für 2000 Euro und meine aktuelle XT 600, die ich dem Bauern noch dazugebe, gehört sie mir. Tipptopp renoviert und fahrtüchtig steht sie heute in meinem Büro und erinnert mich tagtäglich an die Bedeutung des Dharma, von dem ich damals, als ich mich in sie verliebte, noch keine Ahnung hatte.

An vier, fünf Tagen im Jahr schiebe ich sie in den Lastenaufzug und bringe sie dorthin, wo sie hingehört: auf die Landstraße.

Ich lasse ihr und mir Zeit, warm zu werden und gewöhne mich an die knallharte Kupplung, die eine starke Hand verlangt und an die ruppigen Bremsen. In der ersten Kurve lege ich sie wie früher auf die Seite, vorsichtig noch, die Reifen sind kalt. Herrlich hängt sie am Gas, mit dem ich sie aus der Kurve herausbeschleunige und aufrichte, bevor es in einer weichen Gegenbewegung in die nächste Kurve geht und die nächste und die nächste…

Wenn ich nach langer Fahrt müde und zufrieden nach Hause komme, schiebe ich die Duc in den Garten, setze mich auf eine Bank und denke oft an all die Abenteuer, die ich mit dem Motorradfahren erlebt habe, während sie mit leisem Ticken abkühlt.

Warum ist mir dieses Motorrad schließlich doch noch begegnet? Weil ich es so sehr gewollt habe? Nein, sie stand gar nicht mehr auf der ersten Stelle meines Wunschzettels. Sie war aber in meinem Unterbewusstsein immer präsent. Nicht als heißer Wunsch, eher als eine bestimmte, längst vergessene Absicht. Aber weil ich erlebt habe, dass mein Unterbewusstsein am besten weiß, was gut für mich ist, lasse ich es walten und mich von ihm leiten. Und eines Tages hat es mich zu dieser und keiner anderen Scheune geführt. Ich glaube sogar daran, dass die Energie, die man abstrahlt, wie eine Art Gleichrichter funktioniert. Wenn du nur stark genug mit fester Absicht an etwas glaubst, dann wirst du mit deiner Unerschütterlichkeit andere an dir ausrichten, die schließlich sogar – ohne es zu wissen! – mit ihren Handlungen deinen Zielen dienen.

Die Motorrad-Episode sehe ich zudem als Bestätigung einer weiteren Einsicht, der ich meinen Erfolg verdanke: Jeder Weg beginnt mit einem ersten kleinen Schritt. Hätte ich mir nicht wenigstens den Ducati-Prospekt besorgt, obwohl doch die Maschine unerreichbar schien – ich wäre nie in ihren Besitz gelangt. Hätte ich nicht gegen jede Vernunft meine gut florierende Spedition verkauft, um Kajakfilme zu drehen – ich würde heute kein Unternehmen mit 500 Mitarbeitern besitzen. Oft genug lagen Hindernisse in meinem Weg, er war blockiert und es sah so aus, als könne ich nicht mal mehr den kleinsten Schritt gehen. Aber es gibt immer einen Weg, vorbei an jeder Hürde oder über sie hinweg, und auch diese vermeintlichen Umwege beginnen immer mit einem kleinen Schritt, der erst die weiteren möglich macht. Am Ende wartet dann vielleicht eine Belohnung, der perfekte Augenblick, oder die „Unerreichbare".

LEBEN
IST DAS, WAS WIR DARAUS MACHEN

9

„Glücklich ist,
wer das sein will,
was er ist."

ERASMUS VON ROTTERDAM

Du bist, was du erlebst

Der perfekte Augenblick

Ich habe erzählt von meinem Bungee-Sprung aus dem Ballon, dem magischen Moment der Schwerelosigkeit am oberen Umkehrpunkt des Rebound und dem erneuten Fall in die Tiefe. In diesem Lebensabschnitt, mit meinen damaligen Erfahrungen und Reflektionsmöglichkeiten war es ein Augenblick totaler Erfüllung für mich, des Sich-eins-Fühlens mit Allem. Aber heute hätte ein solcher Sprung, auch wenn ich immer noch fit genug bin, ihn auszuführen, nicht mehr denselben Effekt, dieselbe Bedeutung. Schon die Wiederholung des Sprungs damals für die Filmaufnahmen war – nicht direkt eine Enttäuschung, aber von deutlich geringerer Intensität. Heute bin ich in einer anderen Situation, mein Leben hat sich entwickelt, ich bin über das Stadium hinaus, in dem ich in die Tiefe springen, gefährliche Stunts machen, bewusst ins Risiko gehen muss, um einen perfekten Augenblick zu erleben. Ich habe mich weiterentwickelt – und mit mir auch meine Ansprüche an das, was ich erleben will.

Empfinde ich darüber Bedauern? Ich antworte mit einer Gegenfrage: Ist die Erinnerung etwas, das wir haben, oder etwas, das wir verloren haben?

Die erfüllten Momente bleiben im Gedächtnis bewahrt – und zugleich macht uns das Gedächtnis klar, dass der Augenblick unwiderruflich vergangen ist und wir seine Intensität niemals dauerhaft besitzen.

Friedrich Schiller hat in seiner berühmten Votivtafel über die Sprache etwas ganz Ähnliches ausgedrückt: „Spricht die Seele, so spricht, ach, die Seele nicht mehr". Der beseelte Moment ist sprachlos, er ist reines Erleben. In dem Moment, in dem ich von ihm zu erzählen beginne, ist er bereits vorbei, er wird nur mehr erinnert. Allein in der Mitte von Schillers Zeile fallen im Seelenlaut „ach" Erleben und das Sprechen darüber für einen Moment zusammen. Es ist wie der Schrei des Bungee-Springers, wenn er in die Tiefe stürzt. Oder der Wonnelaut des Freeskiers, der auf perfekten Pulverschnee stößt, eine riesige unberührte Bergflanke hinabgleitet und bei jedem Schwung buchstäblich abtaucht im fluffy Powder. Ein unglaublicher Moment, der auch nach 500 Läufen immer noch schön ist – aber nie wieder eine solche Erfüllungsdimension erreicht wie beim ersten Mal.

In Situationen, die volle Konzentration verlangen, hört das Denken auf

Die Unwiederbringlichkeit, die Vergänglichkeit des erfüllten Moments ist ein Wesenszug der menschlichen Existenz. Goethes „Faust" erzählt davon: Der Gelehrte verschreibt dem Teufel seine Seele für den Fall, dass er sich einmal wünschen sollte, die Zeit möge stehen bleiben. „Werd ich zum Augenblicke sagen: / Verweile doch! du bist so schön! / Dann magst du mich in Fesseln schlagen, / Dann will ich gern zugrunde gehn!" Natürlich kommt dieser Augenblick auch im Leben des rastlosen Faust – in dem Moment, als er sich in Gretchen verliebt. Aber als Mensch kann man den perfekten Augenblick nur festhalten, wenn man seine Seele an den Teufel verkauft, sprich: Wenn man aufhört, wahrhaft menschlich zu sein. Deshalb können wir immer neue, perfekte Augenblicke genießen, aber nicht den einen bestimmten auf immer festhalten.

Ist das ein Grund zur Trauer? Nein, auf keinen Fall. Denn das Leben gibt einem immer wieder die Chance zu neuen perfekten Augenblicken, neuen Verabredungen mit dem richtigen Zeitpunkt. Wie und wann wir sie erleben, welche Momente wir als perfekt empfinden, das mag sich im Laufe der Jahre vielleicht ändern. Aber so lange wir Unsicherheit zulassen, dem Unvorhersehbaren die Tür öffnen, solange werden auch immer wieder perfekte Momente eintreten.

> Wir müssen nur bereit sein, dem Zufall eine Chance zu geben. Nicht einem Zufall ganz ohne Sinn und Ziel, sondern einem, der aus einer guten Vorbereitung erwachsen kann. Natürlich soll man die Dinge so nehmen, wie sie kommen, aber man sollte auch dafür sorgen, dass die Dinge sich so entfalten, wie man sie haben möchte. Ich werde den perfekten Moment im Tiefschnee nicht erleben können, wenn ich meine Fähigkeit, Ski zu fahren, nicht vorher trainiere. Doch umgekehrt gibt es auch keine Garantie des Gelingens, selbst wenn ich mit einem Helikopter in die kanadische Bergwildnis fliege. Diese Unvorhersehbarkeit muss man nicht nur aushalten können, sondern bewusst aufsuchen wollen, um – vielleicht – Erfüllung zu finden.

Der perfekte Augenblick lässt sich nicht planen, er erwächst bestenfalls aus geplanter oder zufälliger Unsicherheit. Wer mit dem Vorsatz aufsteht: Heute will ich ihn erleben – dem wird er nicht widerfahren. Aber ich kann mich so positionieren, dass das Glück eine gute Chance hat, mir zu begegnen. Das bedeutet: aktives Handeln, nicht passives Warten auf eine Fügung des Schicksals. Viele Menschen ergreifen erst gar nicht die Initiative, weil sie Angst haben zu Scheitern. Aber das kann immer passieren im Leben, selbst bei bester Vorbereitung und perfekter Planung.

Und selbst wer gar nichts unternimmt, kann scheitern, weil ihm, dem Passiven, etwas widerfährt, mit dem er nicht gerechnet hat. Denn auch wenn man nichts tut, irgendetwas wird immer passieren. Es wird nur nicht das sein, was man wollte.

Vor Kurzem habe ich in einem Wirtschaftsmagazin das Bekenntnis eines Firmenchefs gelesen: „Mein erstes Unternehmen ist mit einem großen Knall gescheitert. Das zweite Unternehmen ist ein bisschen weniger schlimm gescheitert. Das dritte Unternehmen ist so anständig gescheitert, dass ich mich wenigstens rasch erholt habe. Das vierte Unternehmen überlebte bereits. Und Unternehmen Nummer 5 war PayPal." Max Levchin hat das gesagt, der ukrainisch-amerikanische IT-Spezialist. Mit 23 Jahren hat er das Online-Bezahlsystem mit ins Leben gerufen, nach dem Verkauf an eBay ein paar Jahre später war er schon Milliardär. Das hätte er niemals geschafft ohne eine unerschütterliche Risikobereitschaft und den Glauben daran, dass irgendwann seine Ideen auf den richtigen Zeitpunkt treffen.

Beweglich sein, planen – das klingt, als sei der perfekte Moment doch irgendwie steuerbar, ansteuerbar. Aber wenn er schließlich eintritt, ist er das genaue Gegenteil, nämlich die Abwesenheit von allen bewussten Entscheidungen. Für mich ist ein Augenblick dann perfekt, wenn das Denken im Kopf für eine Weile aufhört und durch das Gefühl des Einsseins mit allem abgelöst wird.

I n der Phase, als meine Firma und mein Privatleben beinahe zerbrachen, war ich auf der Suche nach etwas anderem als der nächsten Herausforderung.

Ich suchte nach Halt, mehr innerer Kraft, nach Ausgeglichenheit und Frieden. Ich machte mich auf in die Welt des Yoga, was eine echte Expedition war, denn diese Welt hat weit mehr als fünf Kontinente.

Ich habe Yogazentren der unterschiedlichsten Richtungen abgeklappert, an etlichen Kursen teilgenommen und kam zu einer ersten Erkenntnis: 90 Prozent davon sind Schrott. Jedenfalls für mich. Ich will nicht mit einem Haufen „Mittesuchender" im Kreis um eine Kerze sitzen und „Ohhmmmmm" brummen, während der Guru mit dem Zöpfchen entrückt schaut und die Klangschale streichelt. Es dauerte eine Weile, bis ich das Richtige für mich fand: ein atemgetragenes, dynamisches, geradliniges und körperlich anstrengendes Yoga, ganz ohne esoterisches Getue.

Aber ich habe auch Yoga Retreats in fernen Ländern besucht, immer auf der Suche nach einem Style, der zu mir passt. Aufgrund meiner Persönlichkeitsstruktur neige ich nicht zum Jüngertum; ich habe mich nie einer Yoga-Richtung ganz verschrieben, sondern mir aus allen Erfahrungen etwas Eigenes zusammengebaut. Es gibt ja eine unglaubliche Vielzahl von Asanas, von Körperhaltungen und Übungen im Yoga; manche Schriften verzeichnen bis zu 84.000 verschiedene – Krieger, Baum, Speer, Hund, Fisch, Stuhl, Kobra, Bogen, Rad, Pflug und wie sie alle heißen. Daraus habe ich meine ganz persönliche Asana-Folge komponiert, von der ich das Gefühl habe, sie tut mir gut, sie macht mich stark und zentriert mich. Hat man einmal so eine individuelle Folge gefunden, wird sie immer wieder geübt, 1000 Mal und mehr, bis sie zu einem reinen Automatismus wird. Es ist ein beglückendes, erfüllendes Erlebnis, diesen Zustand zu erreichen, in dem das Komplizierteste wie ganz von selbst gelingt. Man erlebt sich als vollkommen kompetent und total entspannt zugleich.

Als ich meinem Freund Patrick Broome – dem Yoga-Lehrer der deutschen Fußball-Nationalmannschaft – einmal meine selbst choreografierte Asana-Folge vorführe, lacht er. „Das ist ja nur heiß! Alles pure Energie!" Eigentlich soll Yoga den Gedanken- und Energiefluss zur Ruhe bringen und einen in die Lage versetzen, etwas einfach gesche-

2007. What Yoga does . . .

hen zu lassen. Aber auch das gelingt bei mir offenbar nur mit Vollgas. Natürlich versuche ich mich auch bei meiner Hitze-Übung vom Atem tragen zu lassen, was zentral ist bei allen Yoga-Formen. Aber ohne vorherige Anspannung kann ich nicht entspannen. Die Ruhe kommt bei mir am Ende, mit einem Kopfstand; danach sitze ich in der Regel noch 20 Minuten in aller Stille auf einem Meditationskissen. Wenn ich nach so einer Session in den Tag starte, habe ich den richtigen Dampf, bin fokussiert, aber nicht aggressiv, bin kraftvoll und mit guter Energie aufgeladen.

Ich bin kein Vertreter irgendeiner „reinen" Lehre, weder beim Yoga noch sonst wo. Deshalb werde ich mich auch hüten zu sagen: Mach's wie Jochen Schweizer, das ist der Weg zum Glück! Jeder Mensch ist einzigartig, deshalb soll auch jeder für sich prüfen, was bei ihm wirkt und ihn weiterbringt auf dem Weg, ein zufriedener, ausgeglichener, achtsamer Mensch zu sein. Das aber sollte man anstreben, davon bin ich fest überzeugt: Uns wurde dieses Leben, dieser Körper geschenkt, und es ist unser Job, ihn in Ordnung zu halten.

Wie soll ich meine Kinder versorgen, wenn ich meinen Körper vernachlässige? Wie soll ich Leistung bringen, wenn ich mein Kraftwerk nicht auf vernünftigem Kesseldruck halte? Das ist eine Einstellung, die ich dem Yoga verdanke.

Einer meiner Lehrer, Max Strom, ein deutschstämmiger Yogi, der in Amerika lehrt, hat mir ein schönes Gleichnis mit auf den Weg gegeben:

> „Most people are drifting through life,
> like a broken stage coach.
> The coach is being pulled by untamed horses,
> the horses are led by a drunken driver.
> And the passenger, sitting in the coach – he is asleep.
>
> The stage coach represents our body,
> the horses our emotions, the driver our mind and
> the sleeping passenger represents our soul.
> And this is, what Yoga does:
> Fix up the coach, tame the horses,
> sober up the driver and wake up the passenger."

DER RUHE

Frei übersetzt: Die meisten Menschen schlittern durchs Leben wie eine heruntergekommene Postkutsche. Ungezähmte Pferde ziehen sie, ein betrunkener Kutscher lenkt sie. Und der Passagier sitzt in der Kutsche und schläft.

Was das bedeutet? Die kaputte Kutsche symbolisiert unseren Körper. Die wilden Pferde stehen für unsere Emotionen. Der trunkene Kutscher ist unser Verstand und der schlafende Reisende ist unsere Seele. Das Ziel von Yoga ist es, die Sache in Ordnung zu bringen: Repariere die Kutsche! Zähme die Rösser, zügle deine Emotionen. Nüchtere den Kutscher aus, halte deinen Verstand so rein, wie du kannst.

Und erwecke deine Seele! Das ist der yogische Auftrag. Für mich eine Frage der Würde und Haltung – und vor allem: der Selbstdisziplin. Die ist von entscheidender Bedeutung. Ich verwalte diesen Körper und versuche, ihn möglichst gesund zu erhalten – wohl wissend, dass ich den Verfall nur verlangsamen, aber nicht aufhalten kann. Aber ich kann den Weg bis zu dem Zeitpunkt, zu dem ich hier auschecke, verantwortungsbewusst beschreiten.

Erleben verschenken

Ob durch Meditation oder Sport, in der Ruhe oder in Aktion – oft genug habe ich ihn erlebt, den perfekten Augenblick. Und hier trifft sich mein privates Dasein mit dem, was ich beruflich tue: Ich versuche, andere Menschen an meinen Erfahrungen teilhaben, sie nachvollziehen zu lassen, indem ich es ihnen ermögliche, ähnliche Erlebnisse zu haben. Ich verstehe mich und die Firma, die so heißt wie ich, als inspirierenden Motivator: Steh auf, mach etwas, nutz die Chancen, die das Leben dir bietet! Lass dich darauf ein, etwas Außergewöhnliches zu erleben, etwas, das dein Leben bereichert!

Jochen Schweizer, der Mann und die Marke, wagen es, anderen diesen Rat zu geben: Überwinde deine Grenzen – du kannst das! Es hat lange Jahre gedauert, bis meine Firma und ich weit genug, reif genug waren, um diese Rolle ausfüllen zu können. Es ist ja das eine, zu sagen: Ich habe ein tolles Produkt – kauf es, es ist ein gutes Produkt! Jetzt gehen wir einen Schritt weiter. Und laden den Kunden dazu ein, sich ein neues Bild von sich selbst zu machen.

Er, der gebunden ist in seinem festen, alltäglichen Rhythmus, soll sich kennenlernen als jemand, der seinem inneren Schweinehund, seinen Ängsten, seiner Trägheit ein Schnippchen schlägt. Ein gewisses Maß an Regelmäßigkeit, man könnte auch sagen: gelebter Struktur braucht jedes Leben, auch meines. Aber zu viel Routine führt am Ende zur Verleugnung des eigenen Selbst und der eigenen Bedürfnisse. Im schlimmsten Fall unternimmt man dann nicht einmal mehr den Versuch, aus der Mühle auszubrechen. Ich kann mit voller Überzeugung sagen: Gehen Sie aus sich heraus! Sie müssen es tun, wenn Sie Ihr Leben bereichern wollen – ich weiß, wovon ich rede, ich habe es alles selbst erlebt!

Starthilfe für die individuelle Selbsterfahrung

Der Philosoph René Descartes hat mit seiner Erkenntnis „cogito ergo sum", ich denke, also bin ich, das Wesen des Menschen als seine Fähigkeit zur Selbstreflexion definiert und damit die Welt ein Stück weit aus den Angeln gehoben. So einen Anspruch würde ich mit meiner Philosophie des Erlebens, meinem „Du bist, was du erlebst" nicht erheben wollen. Ich kann aber sagen, dass ich mich in meinem Selbst als die Summe all dessen erfahre, was ich erlebt habe. Und einen wesentlichen Teil dessen kann ich aktiv selbst gestalten – ich kann mich im Erlebnis zu dem machen, der ich sein möchte.

All die Erlebnisse, die ich im Laufe der Jahre, Jahrzehnte gesammelt habe, bestärken mich in der Überzeugung, dass jeder Mensch mit etwas Mut und Risikobereitschaft die Flughöhe seines bisherigen Lebens um mindestens eine Ebene steigern kann. Er kann durch besondere Erfahrungen höher, weiter kommen, als er es sich selbst zunächst zutraut. Dabei geht es nicht nur um echte Abenteuer, Klettertouren, Fallschirmsprünge, House Running, Bungee Jumping. Ein Erlebnis ist für jeden etwas anderes. Selbst für mich, den Stuntman und Abenteurer, muss es nicht immer eine physische Herausforderung sein; für mich ist es auch ein Erlebnis, im abendlichen Dämmerlicht in Stille die Kois in meinem japanischen Gartenteich zu beobachten. Aber eins ist sicher: Im Erleben lernt man sich selbst – und wenn man gemeinsam erlebt – auch den anderen kennen.

Natürlich habe ich an der Propagierung von Erlebnissen auch ein Geschäftsinteresse – am Ende sollen Menschen bei mir Erlebnis-Geschenkgutscheine kaufen oder für sich selbst ihr ganz persönliches Abenteuer buchen. Aber jenseits dessen bin ich davon überzeugt, dass meine Firma einen positiven Beitrag leistet für die ganze Gesellschaft. Weltverbesserung ist vielleicht ein zu großes Wort dafür, aber wir schaffen Mehrwerte. Jedes Jahr erleben Hunderttausende Menschen in Deutschland, Österreich und der Schweiz etwas Besonderes mit Jochen Schweizer, ob es nun die Wellness-Massage ist oder das Überlebenstraining. Wir bereichern das Leben von Menschen, indem wir etwas verfügbar machen, das ungeheuer wertvoll ist – authentische Erfahrungen.

Und die werden immer wichtiger, je mehr Lebensbereiche digitalisiert werden. Ich muss mich doch nur auf der Straße, im Bus, in der U-Bahn umsehen – immer mehr Menschen nehmen das Leben nur noch vermittelt durch ein elektronisches Gerät wahr. Sie starren in ihre Handys und glauben dort zu erfahren, wie die Welt um sie herum beschaffen ist.

Parallel dazu wächst die Sehnsucht nach neuen, intensiven Körper-Erfahrungen, der Lust an der Verausgabung und Erschöpfung. Am Anfang waren es die Fitnessstudios, dann kamen die Volksmarathons, jetzt sind es die Boulder- und Kletterhallen, in denen die Menschen versuchen, neben ihrem immer digitaler werdenden Alltag zutiefst analoge Dinge zu tun, bei denen sie sich selbst als Wesen aus Fleisch und Blut erleben wollen. Diese Sehnsucht versucht meine Firma zu befriedigen, von diesem Hunger nach Selbsterfahrung in ihrer ganz ursprünglichen Form profitiert sie.

Natürlich gibt es Kritiker, die mir vorwerfen, ich würde auch Erlebnisse anbieten, die keinerlei Mehrwert bieten und im Gegenteil sogar schädlich oder gar verwerflich seien.

Kampfpanzer fahren zum Beispiel oder Quad Touren im Berggelände. Ganz zu schweigen vom Stratosphärenflug mit dem Kampfjet MIG 29 für fast 20.000 Euro. Ja, es gibt diese Erlebnisse – aber nur ein winziger Bruchteil der verkauften Erlebnisse entfallen auf Angebote dieser Art. Zudem versuche ich als Anbieter kein Ideologe zu sein. Bei Jochen Schweizer kann man im Baumhaus der Natur nahe sein oder beim Rennwagen fahren 30 Liter Sprit auf 100 Kilometern verbrennen. Beides hat meines Erachtens seine Berechtigung, weil es einen Erlebniswert hat. Mein Ziel ist es, die Rahmenbedingungen für einen perfekten Augenblick zu schaffen, und der sieht eben für jeden anders aus.

Ich will nicht für andere entscheiden, welches das vermeintlich „bessere", moralisch höherwertige Vergnügen ist. Ich will nur, dass Sie verstehen, warum es so wichtig ist zu erleben und nicht nur dahin zu leben. Dass Sie aktiv werden und nach Situationen suchen, die den perfekten Moment möglich machen. Die Zahl denkbarer Erlebnisse ist dabei unendlich; selbst auf dem überschaubaren Feld, das ich mit meiner Firma bestelle, wächst und gedeiht jede Woche etwas Neues. Solange die Zeit weiter voranschreitet und die Welt nicht vollends aus den Fugen gerät, reihen sich die Chancen zu einer Verabredung mit dem richtigen Moment auf ewig aneinander. Das heißt: Der perfekte Augenblick ist immer möglich. Es liegt allein in Ihrer Hand, für ihn bereit zu sein.

Schenken

Mein Geld verdiene ich damit, Chancen auf perfekte Augenblicke zu verkaufen. Das funktioniert, weil es genügend Menschen gibt, die anderen eine Freude bereiten wollen. Etwas Gutes weiterzugeben ist so ziemlich das schönste Gefühl, das man sich selbst schenken kann. Auch davon kann ich eine Geschichte erzählen.

Seit ich als Teenager Leistungskanute wurde, bin ich jeden Tag gelaufen. Selbst Jahre nach dem Unfall auf der Sesia war mein linkes Knie noch belastbar; erst als es später durch ein Titangelenk ersetzt wird, ist Schluss mit dem Joggen. Aber in der Zeit, von der ich jetzt erzähle, laufe ich noch, täglich. Von meiner Wohnung in der Geiselgasteigstraße über den Marienklausensteg runter zur Isar, von dort ein paar Kilometer weiter den kurzen, steilen Anstieg hinauf auf die Großhesseloher Brücke. Wie immer habe ich in meiner Trainingsjacke nichts dabei außer einem kleinen Mäppchen, darin: mein Ausweis, Kreditkarte – und ein 500-Euro-Schein. Es ist eine meiner Marotten seit der Zeit in Afrika, in der ich große LKW-Konvois durch verschiedene Länder dirigierte. Dort ließ sich eigentlich jedes Problem am besten mit Bargeld lösen, und so hatte ich auch in meinem weiteren Leben auf Anraten meines damaligen Chefs Rudolf Niehaus immer einen der berühmten „braunen Lappen", einen 1000-Mark-Schein, in der Tasche. Inzwischen, nach der Einführung des Euro, habe ich lediglich die Farbe zu Pink gewechselt – den Fünfhunderter.

Mit meinem leichten Gepäck laufe ich den steilen Berg hinauf, der

AUGENBLICK

vom Isar-Ufer zur Brücke führt. Ich überhole eine Greisin in ärmlicher Kleidung; gebeugt, schwer atmend schiebt sie ein Dreirad für Erwachsene, bei dem zwischen den Hinterrädern ein großer Transportkorb montiert ist, den Anstieg hinauf. Alle drei Schritte muss sie anhalten, Luft holen, ausruhen. „Setzen Sie sich doch auf Ihr Rad, ich schiebe Sie schnell den Berg hoch!", rufe ich ihr zu. Aber sie will nicht geschoben werden, sondern sich allenfalls beim Schieben helfen lassen. Ich übernehme das Rad, sehr langsam gehen wir nebeneinander und kommen ins Gespräch. Sie erzählt mir von ihrer winzigen Rente, weniger als 150 Euro im Monat, und dass sie Dosen und Pfandflaschen aus Papierkörben fischt, um wenigstens ein bisschen dazuzuverdienen. Sie ist keine Stadtstreicherin, sondern einfach eine arme, alte Frau. Als wir oben ankommen und sie sich mühsam wieder auf den Sattel hievt, stecke ich ihr schnell und unbemerkt den 500-Euro-Schein in den alten Korb mit ihren Einkäufen, die hinten im Fahrradkorb stehen und laufe davon.

Ein perfekter Augenblick. Für mich.

Nicht, weil ich mich als Gutmensch fühle und mir selbst auf die Schulter klopfen kann für meine Großzügigkeit. Ich erfreue mich einfach an diesem spontanen Moment und der Tatsache, dass ich jemandem zwei, drei Monate wirklich weiterhelfen kann. Ich stelle mir den Augenblick vor, in dem sie zu Hause ihre Tasche auspackt, den Schein findet und nicht recht weiß, wie ihr geschieht. Es wird ihr Leben für einige Zeit hoffentlich ein bisschen leichter machen, und mit diesem Wissen ist auch mein Tag bereichert.

Nun könnte man sagen, dass es leicht sei, mit dicker Brieftasche perfekte Augenblicke zu schaffen. Ja, es stimmt: Geld erleichtert das Erreichen solcher Momente. Aber darum geht es nicht. Es gibt auch nicht DEN perfekten Augenblick, der sich kopieren und stets aufs Neue wiederholen ließe, um die gleichen Glücksgefühle noch einmal zu erleben. Er ist absolut einmalig, einzigartig, und er sieht in jeder Phase des Lebens anders aus. Der perfekte Augenblick ist eine Verabredung mit dem richtigen Zeitpunkt. In diesem Fall ein Moment, in dem ich Hilfe geben konnte, wo sie nötig war.

EPILOG – ZEIT HABEN

Montag: Ab 7.30 Dreh ganztags „Die Höhle der Löwen", Köln. Abends: 20.35 Flug Köln – München. Auf dem Weg nach Hause: eine Stunde Kajakfahren in Oberschleißheim. Dienstag: 7.00 Yoga, 9.30 2 Stunden Strategiebesprechung. 13.00 Management-Meeting. 17.00 Erlebnis-Klub-Konzept abstimmen. 18.00 Telefoninterview für Radio Charivari. 19.00 Krafttraining mit meinem Sohn Max. Mittwoch: 7.00 Physiotherapie, 9.00 Quadriga Meeting (alle vier Geschäftsführer). Ab 11.00 Feedbackgespräche div. Mitarbeiter. 13.00 Firmenfitness ab 15.00 Mappen durchgehen mit meiner persönlichen Assistentin. 17.00 Betriebsversammlung zur Skirallye. Donnerstag: 7.00 Yoga, 9.30 Rede zum Thema „Extremsport" im Veranstaltungsforum Fürstenfeldbruck, Key Note Speaker zur Eröffnung der IT-Security-Messe. Nachmittags Besuch der Projektgruppe VOLT in der Firma. Schulung Callcenter-Mitarbeiter durch Jochen persönlich. Flug nach Berlin. Privates Abendessen bei russ. Botschafter Vladimir Kotenev. Freitag: 8.00 Fitnesstudio Soho House, ab 10.00 ITB Berlin, Termine am Messestand. 20.00 Geburtstags-Überraschungsparty Florian Langenscheidt. Sonntag: 10.00 Cardiofit im Soho Club Fitness, 12.00 Brunch mit Geschäftspartner, 16.15 Flug nach München, 18.00 Kajakfahren in Oberschleißheim, 20.00 Abendessen zu Hause mit meinem Sohn Tino.

So sieht mein Kalender heute eigentlich ständig aus. In der elektronischen Übersicht reiht sich ein grünes Feld mit Namen, Uhrzeiten, Orten an das nächste; die weißen Flächen, die signalisieren „Hier ist noch nichts geplant", sind rar.

Bin ich deshalb unzufrieden? Ein Getriebener meines Unternehmens, meines Erfolgs? Nein, im Gegenteil.

Manchmal kann ich mein Glück selbst kaum glauben: Zehn Jahre sind seit dem Neuanfang auf der Eisentreppe einer alten Lagerhalle vergangen. Statt sechs arbeiten inzwischen über 500 Menschen mit mir. Erst jetzt erschließt sich mir vollends, was mit dem damals in Umrissen ersonnenen Geschäftsmodell alles möglich sein wird.

Um die Zukunft mache ich mir überhaupt keine Sorgen, weil ich weiß, dass wir 90 Prozent des Potenzials, das in meiner Firma steckt, noch gar nicht erschlossen haben. Natürlich werden auch wieder Rückschläge kommen, die Zeit kosten, die das Wachstum verlangsamen werden. Aber es wird uns auch dann wieder gelingen, mit guten Ideen und harter Arbeit Hindernisse zu überwinden oder neue Wege zu finden. Das ist einfach mein Leben, und ich tue, was mir Spaß macht. Ich fahre jeden Tag mit Freude in meine Firma und sehe mit Begeisterung die Menschen dort, die wirklich tolle Mitarbeiter sind. Genauso gern nehme ich Termine wahr, die mit meinem Unternehmen zu tun haben. Daneben finde ich immer noch Zeit für meine Familie und den Sport. Ich unterscheide auch gar nicht zwischen Beruf und Privatleben – beides bin gleichermaßen ich, beides definiert meine Existenz, durchdringt und bedingt einander, beidem widme ich mich mit der gleichen Hingabe, so wie ich alles im Leben ganz oder gar nicht mache. Ich gehe verantwortungsbewusst mit meiner Zeit um, denn verlorene, verplemperte Zeit lässt sich nicht zurückgewinnen. Sie ist für immer verloren. Entscheidend ist, dass ich die Hoheit behalte darüber, was wann wo mit mir geschieht. Ich nenne das: Zeitsouveränität. Sie ist der größte Luxus der Gegenwart.

Von allem auf der Welt gibt es mittlerweile viel, zu viel, nur die Zeit ist immer knapp. Ständig neue Aufgaben, Verlockungen, Möglichkeiten, Gadgets, mit dem Alter wachsende Verantwortung, dazu eine immer größere Informationsflut, die erst einmal verarbeitet werden will – all dies frisst unsere Zeit. Obwohl ihr Kontingent natürlich für jeden Einzelnen gleich bleibt, scheint sie ein immer knapperes Gut zu werden, vergeht schneller, reicht nie aus. Die Folge: Man fühlt sich überfordert, gestresst, ausgelaugt, fremdbestimmt. Wer die Kontrolle über die eigene Zeit verliert, verliert sich selbst.

Wenn ich merke, dass ich mir mal wieder zu viel zugemutet, mir zu viele Termine selbst aufgebrummt habe, dann bespreche ich mit meiner Assistentin Sandra von Böhn, wie ich mich für eine Weile befreien, die hohe Geschwindigkeit reduzieren kann, um wieder Ruhe zu finden. Zumeist absentiere ich mich dann für ein paar Tage auf meine Hütte nach Norwegen. Doch das mache ich nicht leichtfertig, weil ich einfach keine Lust habe, sondern nur, wenn ich merke, ich bin über mein Limit gegangen, ich brenne aus. Dann hängen die Mundwinkel, ich verspüre nicht mehr die übliche Freude beim Gang in die Firma, Energie und Fröhlichkeit fehlen – lauter Symptome, dass ich es übertrieben habe. Wenn ich selbst immer noch denke, ich schaffe das schon noch, weisen meine Frau und meine Söhne mich regelmäßig darauf hin, dass es an der Zeit ist, Pause zu machen. Freie Zeit ist für mich heute mein größter Luxus. Sie sinnvoll zu verwalten bedeutet Arbeit, Organisation, Selbstdisziplin. Ich habe stets das Gefühl gehabt, dass ich meiner Familie am besten helfe, wenn ich beruflich erfolgreich bin und die Mittel akquirieren kann, die man braucht, um seine Kinder bestmöglich zu fördern. Das bedeutet in meiner Situation aber auch, dass die Zeit für meine Familie knapp bemessen ist. Ich bemühe mich aber sehr darum, dass die gemeinsamen Stunden „quality time" sind, eine gute, hochwertige Zeit mit intensiven Erlebnissen.

Mit meinen Söhnen verbinden mich sehr unterschiedliche gemeinsame Interessen. Seit 20 Jahren fahren wir ein bis zwei-

"The three brothers" – on the road again

mal pro jahr zusammen weg und erleben ein Abenteuer. Je älter und erwachsener die beiden geworden sind, desto weiter und auch gefährlicher wurden unsere Reisen.

Ob mit dem Schmugglerboot über den Rio Dulce in Guatemala oder mit Motorrädern durch Laos und Kambodscha – diese gemeinsamen Erlebnisse definieren uns als „The three brothers", wie wir uns nennen, wenn wir zusammen unterwegs sind.

> Ohne regelmäßige Pausen würde ich irgendwann nicht mehr funktionieren, meine Akkus halten vielleicht wirklich überdurchschnittlich lange, aber auch ich muss sie wieder aufladen. Das zu erkennen und zu akzeptieren ist kein Zeichen von Schwäche, ganz im Gegenteil, wir alle haben nur begrenzt Zeit und Energie zur Verfügung. Wir müssen lernen, dieses kostbare Gut zu schützen und sorgsam damit umzugehen.

2017 werde ich 60 Jahre alt. Das ist kein dunkles, unheilvolles Datum für mich. Aber schade ist es schon, dass ich schon so alt bin. Natürlich sehe ich, dass ich im Vergleich zu vielen Altersgenossen ein sehr fitter 60-Jähriger sein werde. Aber wie sagen meine Freunde, die schon 70 sind? Ab 60 merkst du jedes Jahr.

Für mich gilt das schon heute. Mit 50 war ich noch muskulös und sicher doppelt so fit, wie ich es jetzt bin; ich kann auch nicht mehr so viel trainieren, sonst tun mir die Gelenke weh. Mein Vater hat immer gesagt: Wenn du mit 70 morgens aufwachst und es tut dir nichts weh, bist du tot. Er selbst konnte aber bis zu seinem 80. Geburtstag alpin Ski fahren. Er hat erst aufgehört, als er nach einem Sturz nicht mehr alleine aufstehen konnte. Wenn die Gesundheit mitmacht, stehen die Chancen also ganz gut, mit Anstand und Würde 80 oder 90 zu werden. Aber am Ende ist das Altwerden trotzdem irgendwie – Scheiße.

Aber unvermeidbar. Deshalb muss man Vorsorge treffen. Ich arbeite darauf hin, dass meine Firma ohne mich funktioniert. Alle Strukturveränderungen, die ich schon jetzt vornehme, dienen dem großen Ziel, dass die Gruppe irgendwann auch ganz ohne mich läuft. Damit ich in naher Zukunft mehr auf meiner Hütte in Norwegen sein und durch die Fjorde paddeln kann. Am Ende nicht mehr vonnöten zu sein macht meinem Ego gar nichts aus. Und wenn ich nicht mal mehr paddeln kann, tröstet mich ein schöner, romantischer Gedanke: Meine Marke wird mich überleben.

Dieser Jochen Schweizer wird in jedem Fall weiterleben. Vielleicht noch 100 Jahre lang – oder wie alt Marken halt werden können. Mit diesem Gedanken – und dem an meine gelungenen Kinder – hier unten auszuchecken finde ich okay.

Mitunter werde ich gefragt, was ich empfinde, wenn ich auf den Erfolg meiner Firma schaue. Ist es Stolz? Überhaupt nicht. Ich staune eher. Darüber, was aus dem Heidelberger Jungen werden konnte. Darüber, wie sich der Zenkreis für mich geschlossen hat und meine Firma, die beinahe zerstört worden wäre, nach einem langen, mit Zähnen und Klauen geführten Kampf wieder mir allein gehört und prosperiert. Dar-

über, dass ich jeden Tag meine Freude haben darf an meiner schönen, friedvollen und lebensweisen Frau, meinen Kindern, meinem Haus. Und so empfinde ich neben dem Staunen vor allem eins: Dankbarkeit.

Die Menschen sollen sich an mich erinnern als jemanden, der sich nie verstellt hat. Der viel gearbeitet hat, tief gefallen, aber auch immer wieder aufgestanden ist. Der manchmal ein harter Knochen, aber auch ganz lustig sein konnte. Der unerträglich ist, wenn er seinen Rappel bekommt. Der sehr gern Ski und Motorrad und noch lieber Kajak gefahren ist. Der das Geschenk des Lebens voll ausgekostet hat. Der immer alles gegeben hat und an guten Tagen noch ein bisschen mehr.

Auf diesen Seiten haben Sie viel über mich erfahren, beruflich, privat, aber vor allem über meinen Umgang mit dem Leben und all den Dingen, die es mit sich bringt. Ich hoffe, meine Geschichte hat Ihnen Mut gemacht, sich auf dieses Abenteuer einzulassen, hat Ihnen Lust gemacht, Neues auszuprobieren und Grenzen zu überschreiten. Hat Sie hungrig gemacht auf den perfekten Augenblick, auf den ganz besonderen Moment.

Wenn es mir gelungen ist, diesen Wunsch in Ihnen zu wecken, dann sind Sie auf dem besten Weg dazu, ein Leben mit mehr Glück, Erfolg und Stärke zu führen. Das Handwerkszeug dafür besitzen Sie bereits – es liegt in Ihnen selbst.

Legen Sie einfach los.

Feedback gewünscht:
Sie haben Anmerkungen, Ideen, Kommentare rund um das Buch? Dann gehen Sie einfach auf Jochen Schweizers persönliche Website www.zenkayaking.com. Dort können Sie ihm unter „Feedback" eine Nachricht zukommen lassen. Oder Sie wollen aktuell am Ball bleiben, dann folgen Sie doch @jochenschweizer einfach auf Twitter.

Ein anderer Blick auf Jochen Schweizer

Nachwort eines Ethnologen

Langeweile kommt nicht auf, wenn man mit Jochen Schweizer zusammen ist, das waren die Worte von Florian Langenscheidt in seiner Vorrede zu diesem Buch. Dass hier nun ausgerechnet ein Ethnologe das Nachwort verfasst, ist eine dieser plötzlichen und unerwarteten Wendungen, mit denen man rechnen muss, wenn man es mit Jochen zu tun bekommt.

Jochen Schweizer und mich verbindet, bei allen Verschiedenheiten, eine gemeinsame Geschichte: Jochen reiste vor mehr als zwanzig Jahren in den pazifischen Inselstaat Vanuatu und machte auf der Insel Pentecost Station. Dort besuchte er das kleine Volk der Sa, das vor Hunderten von Jahren das Turmspringen erfunden hat – die Urform des Bungee-Springens. Für ihn stellte dieser Besuch eine Hommage an die Erfinder dieses extremen Sportes dar, mit dem er selbst so atemberaubende Erfolge erzielt hat. Außerdem war er neugierig auf die simple aber effektive Turmkonstruktion und die Sprungtechnik der melanesischen Ureinwohner. Als ich selbst 1997 erstmals nach Pentecost reiste, um dann im Laufe der nächsten 15 Jahre immer wieder dorthin zurückzukehren, Bücher zu schreiben und Filme zu drehen, erzählte man mir immer wieder von einem blonden und außergewöhnlich durchtrainierten Landsmann, der einige Zeit vor mir dort gewesen war. Dass es sich dabei um Jochen Schweizer gehandelt hatte fand ich erst heraus, als wir uns 2008 kennenlernten. Ich wollte damals einige meiner Freunde unter den Turmspringern für ein Ausstellungsprojekt nach Deutschland einladen und Jochen hat mein Vorhaben großzügig unterstützt. Es entwickelte sich eine Freundschaft mit ganz eigener Dynamik und ganz eigenen Gesprächsthemen.

Dass Jochen Schweizer schon viele Leben gelebt hat, haben Sie in diesem Buch erfahren. Man kennt ihn als Stuntman, Fallschirmspringer, Extrem-Kajakfahrer, Filmemacher und Begründer der deutschen Bungee-Bewegung. Heute ist er Deutschlands bekanntester Erlebnisveranstalter, eine der authentischsten Unternehmerpersönlichkeiten des Landes, charismatischer Redner und Buchautor. Den meisten von uns hätte es schon genügt, nur eines dieser Attribute auszufüllen. Jochens erstaunliches Energielevel, das die Menschen um ihn herum manchmal übrigens beinahe schmerzhaft intensiv spüren, reichte schon bislang spielend für mehr. Und er wird für weitere Überraschungen gut sein. Soweit so gut. Was gibt es da noch hinzuzufügen?

Als Ethnologe faszinieren mich Phänomene, die quer durch alle Zeiten und Kulturen immer wieder auftauchen. Und da fiel mir an der Person Jochen Schweizer von Anfang an eine außergewöhnliche Dimension auf. Jochen hat seinem Körper tausendfach nichtalltägliche Dinge abverlangt. Er hat extreme physische Anstrengungen, Entbehrungen und Verletzungen überstanden. Er ist physisch und psychisch in Bereiche der Existenz vorgedrungen, die den allermeisten von uns verschlossen bleiben. Er hat Erfahrungen gemacht, die ihn, im Wortsinn, von den Füßen auf den Kopf gestellt haben. Menschen wie ihn gibt es nicht sehr häufig. Aber, und das ist meine ethnologische Beobachtung, es gibt einige wenige wie ihn quer durch alle Kulturen, die wir kennen. Es sind Menschen, die durch das Er- und Durchleben außergewöhnlicher Prüfungen für einige Augenblicke, in denen die Zeit stehenzubleiben scheint, völlig nach innen geworfen werden, wo sie eine Art Berufung erfahren, die ihnen später die hochpotenzierte Kraft gibt, nach außen zu wirken. Die Ethnologie bezeichnet solche Menschen als Schamanen. Jochen selbst würde sich niemals so nennen und vermutlich sind Begriffe hier auch nicht so wichtig, denn letztlich ist entscheidend, was jemand tut. Jochen sagt von sich, dass sein eigentliches Talent darin besteht, Menschen dazu zu bringen, Dinge zu tun, die sie nicht tun würden, wenn sie ihm nicht begegnet wären. Damit das jedoch gelingen kann braucht es neben den überstandenen äußeren Herausforderungen große seelische Kräfte, innere Überzeugung, Charisma, Präsenz und die Fähigkeit zur Empathie.

Dass Jochen in diesem Buch den Begriff der Resilienz für sich entdeckt hat überrascht mich nicht. Er will vermitteln, dass das Geheimnis des Erfolges darin besteht, einmal mehr aufzustehen, als man hingefallen ist. Diese Haltung ist eine folgerichtige Konsequenz aus seinen eigenen Erfahrungen als Grenzüberschreiter.

Pädagogen wie Robert Baden-Powell oder Kurt Hahn haben das vor hundert Jahren schon ganz ähnlich formuliert, aber es ist erst Jochen Schweizer gelungen, diese Idee einem Millionenpublikum quer durch alle Altersgruppen und ungeachtet der sozialen Herkunft zugänglich zu machen. Sein Anliegen ist es Menschen dabei zu helfen, die Flughöhe ihres eigenen Lebens zu steigern. Dabei will er kein Ideologe oder Moralist sein. Es geht ihm ausschließlich um den Erlebniswert.

Wer erfahren hat, dass er als Individuum seine eigenen Grenzen überwinden und gegen innere und äußere Widerstände bestehen kann, der unterläuft einen Entwicklungsprozess, denn intensives Erleben ist eine entscheidende Grundlage für das Heranreifen von Erkenntnissen. Dabei geht es zunächst gar nicht um spezifische Inhalte, sondern die Botschaft lautet ganz schlicht: Erlebe Dich selbst, lerne Dich kennen, fasse Zutrauen zu Dir! Und dieser Prozess sorgt letztlich für Achtsamkeit, denn der Erlebende kommt, indem er an seine Grenzen geht, auch dem Geheimnis seiner eigenen Existenz und dem Respekt vor dessen mysteriöser Einzigartigkeit ein wenig näher. Achtsam jedoch mit sich selbst, seinen Lieben und der Welt insgesamt umzugehen, davon bin ich überzeugt, ist die zentrale Herausforderung für diese und kommende Generationen.

Aus genau diesen Gründen habe ich Jochen und seine Berufung immer für etwas ganz Besonderes gehalten. Ich glaube ganz ernsthaft, dass der Erlebnisunternehmer Jochen Schweizer, indem er Millionen Menschen dabei hilft, Zutrauen zu sich selbst zu entwickeln, eine Rolle spielt bei der Erhaltung, Erneuerung und Weiterentwicklung der Gesellschaft. So gesehen kommen die aus dem Erlebnis generierte Resilienz, die Kraft für ein ganzheitliches Verstehen, achtsames Annehmen und eigenverantwortliches Meistern des eigenen Lebens letztlich uns allen zugute.

Thorolf Lipp ist Ethnologe und Medienproduzent. 2007 Promotion an der Universität Bayreuth. Universitätsdozent an Universitäten in Münster, Göttingen, Wien, FU Berlin, Mainz, Bayreuth, Trier, Kunsthochschule Kassel, Zeppelin University Friedrichshafen, Suva (Fiji) sowie Johannesburg (Südafrika). Arbeitsschwerpunkte sind Medien, Kunst, Religion sowie das immaterielle Kulturerbe.

Dr. Nadja Hermann

Fettlogik
überwinden

Taschenbuch.
Auch als E-Book erhältlich.
www.ullstein-taschenbuch.de

Eine längst fällige Abrechnung mit den
weitverbreiteten Diätlügen

Warum scheitern Diäten? Wegen genetischer Veran-
lagung? Wegen eines kaputten Stoffwechsels? Oder
wegen Schilddrüsenunterfunktionen? Nach Jahren er-
folgloser Diäten und mit 150 Kilo auf der Waage stellt
Dr. Nadja Hermann fest, dass das meiste, was sie über
Diäten geglaubt hatte, Mythen sind. Ihr wird klar, dass
es eigene Logiken gibt, die sie vom Abnehmen abhal-
ten. Erst das Überbordwerfen all dieser »Fettlogiken«
hilft der Autorin dabei, ein gesundes Gewicht zu erreichen. Anderthalb Jahre später wiegt sie 65 kg. Mit Witz,
Sachverstand und den neuesten Erkenntnissen aus der
Wissenschaft räumt sie mit den Diätlügen auf.

Der E-Book-Bestseller endlich als Printbuch – mit witzi-
gen Illustrationen

Felix Plötz

Das 4-Stunden-Startup

Wie Sie Ihre Träume
verwirklichen ohne
zu kündigen

Klappenbroschur.
Auch als E-Book erhältlich.
www.econ.de

Mach Dein eigenes Ding! Nebenher!

Neben der Arbeit sein eigenes Ding machen – geht
das? Ja! Ein 4-Stunden-Startup bietet mehr Geld, mehr
Freiheit und mehr Platz für Träume. Vor allem aber: die
Sicherheit einer Festanstellung. Felix Plötz hat bereits
mehrfach »nebenbei« gegründet. Er kennt die wichti-
gen Tipps und Tricks, um aus einer Leidenschaft eine
Geschäftsidee zu machen. Authentische Beispiele zeigen, welche Ideen andere umgesetzt haben – und wie
ihr Leben aufregender, selbstbestimmter und finanziell
unabhängiger wurde.

*Felix Plötz »wird als Mutmacher in Sachen Selbständigkeit
gefeiert«.* **Berner Zeitung, 15.03.2016**

Econ